アラビア語の歴史

水谷 周 著

国書刊行会

目次

はじめに………………………………… 7

1. 序説 ― アラブ文化とアラビア語の役割… 13

2. アラビア語の出自 ― セム語について … 19
  （1）アラブの見解 ………………… 19
  （2）西洋の見解 ………………… 21
  （3）アラビア語とセム諸語 ………………… 23
  （4）展望 ………………… 26

3. イスラーム以前の状況 ………………… 31
  （1）西洋の見解 ………………… 31
  （2）アラブの見解 ………………… 34
  （3）無明時代（ジャーヒリーヤ）の概観 ……… 36

4. イスラーム以降の充実 ……………… 39
  （1）文字と記述法の成立 ………………… 41
  （2）文法の整備 ………………… 46
  （3）辞書の編纂 ………………… 50
  （4）書道の発展 ………………… 57

5．アラビア語拡充の源泉 …………… 65
(1) クルアーン ………………… 65
(2) 預言者伝承 ………………… 71
(3) ジャーヒリーヤ詩 ………………… 74

6．アラビア語文化の開花
　　－詩・韻律文・そして散文 ……………… 77
(1) 散文の成立 ………………… 78
(2) 散文の発展 ………………… 82
(3)「知恵の館」の設立 ……………… 84

7．アラビア語の地域的拡大 ……………… 87
(1) 拡大前 ………………… 88
(2) 拡大後 ………………… 91
(3) 口語の分化 ……………… 96

8．アラビア語の語彙的拡大 …………… 113
(1) イスラーム用語 ……………… 113
(2) 行政用語 ……………… 115
(3) 学術用語 ……………… 118
(4) ユダヤ教、キリスト教用語 ……… 123
(5) 停滞期の外来語 ……………… 124

9．近代社会とアラビア語 …………… 131
 （1） 各地の動向 ………………………… 132
 （2） アラビア語改革の努力 …………… 136

10．現代アラビア語の誕生 …………… 151
 （1） その特徴の要点 …………………… 152
 （2） 散文形式 …………………………… 156
 （3） 報道言語 …………………………… 157

参考1．アラビア語語彙の豊富さと語義の多さ ………… 167
参考2．イスラーム初期の外来語諸例 ………………… 169
参考3．アラブ文字と書体諸例 ………………………… 173
参考4．アラビア語古文書校訂序説 …………………… 179
参考5．分野別アラビア語辞書一覧（注釈付） ………… 187
参考6．アラブ報道と現代史 …………………………… 195

あとがき……………………………………………… 209
参考文献……………………………………………… 211

最も慈悲深く、最も慈愛あまねき
アッラーの御名において

はじめに

　現在、世界の言語数は、6500 を超えるとも言われます。その中の主要なものに限ってみても、アラビア語は相当際立った存在といえましょう。

　まず自分の子供が母国語をしっかりできることを親が自慢するような言葉はあまりありませんが、この面では中でもフランス語とアラビア語が特筆されます。また歴史的に見て、書道が一つの職業として成り立ってきた言語は限られています。その主要なものの一つはわが日本や中国の東アジア文化圏と、今ひとつはアラビア語の中東イスラーム文化圏でした。以上の二つの現象は、自らの言葉をどれほど大切にし、また誇りにも考えているかという証左となりますが、そのいずれにもアラビア語はしっかり登場しています。

　世界の言語使用人口について、概数ですが次のような統計があります。中国語 10.52 億人、英語 5.8 億人、ヒンズー語 4.87 億人、スペイン語 2.75 億人、アラビア語 2.46 億人、ベンガル語 2.11 億人、ポルトガル語 1.91

億人、マレイ語・インドネシア語1.77億人、ロシア語1.60億人、フランス語1.28億人、日本語1.25億人…。

出所：インターネット。ただし学習者の数は、スペイン語、英語（約5億人以上）、アラビア語（ムスリムは約13億人）、フランス語などが多いと思われる。

　自分の言葉として使用している人の数では、アラビア語は世界第5位ですが、学習者の数はほぼムスリム人口の数であるとすれば、世界最大クラスの言語としての姿を現すことになります。この数はこの21世紀中を通じてまだまだ増加すると見るのが大方の予想でもあります。

　この様な数字で驚かされるのは、まだ早いと言わなければなりません。なぜならば、アラビア語の真に驚異的な側面は、独特の強靭な生命力にあるからです。クルアーンが書き記された紀元7世紀以来、ほとんどその原型をとどめつつ、他方で現代社会の諸要求も過不足なく満たしています。その間アラビア語学者たちの、身を削る尽力もありましたが、そもそもアラビア語にはそのような自己刷新と柔軟な適応力が兼ね備わっていたのでした。

　以上のような類稀な特質を持つアラビア語の全体像

を歴史的な流れの中で描き、検証し、理解しようとするのが本書の目的です。アラブ・ムスリムの人達は、アラビア語はアッラーの啓示が降ろされた言葉であり、その格別の美しさや躍動する活力は、その他のあらゆる特長と共に当然のことであると考えます。本書を読むにつれムスリムでなくても、そのような見方の核心に触れたり、一緒に美しさを味わったり納得したりできることも期待したいと思います。その際、アラビア語を学習していない人たちも話のポイントは得られるように、記述上できるだけ配慮しました（アラブ文字は本の後半から使用）。

著者はアラビア語言語学の専門的研究者ではありません。しかし振り返れば約40年間にわたり、その魅力に絶えず深い関心を払い、常に驚嘆させられてきました。そんな中、最大の望みは、本書により、これからの世代が刺激を受け、勇猛果敢に本分野を正面から取り上げるきっかけとなれば嬉しいということです。著者自身も大学生の時に同類の書物を出版直後に英語で読んだことが、この途に入る契機となったのでした。[1]

それ以来アラビア語を巡っては様々の国で多くの師

---

[1] Anwar Chejne, *The Arabic Language: Its Role in History*, Uni. of Minnesota Press, 1969.

を仰いできたことも同時に思い起こされます。それらの方々全員に御礼の気持ちが抑えられません。そしてそのような尊い機会に巡り逢えるように差配されたのは、天のあの御方です。非力ながらも今日まで学ばせていただいたことは、著者にとって過分の恵み以外の何ものでもありませんでした。ただありがたく頭が下がる思いです。

西暦 2010 年 4 月
著者

1．序説 －　アラブ文化とアラビア語の役割

　アラブ人という呼称がありますが、その識別はどのようにされているのでしょうか。文化的な特徴で区別の線を引く場合もあるでしょう。そのようなときには、アラブ人の気質として、個人的な人のつながりを重視すること、東洋としての意識と心情があること、伝統的に客人のもてなしや武士道的な信義を大切にすること、そして宗教的確信と過去の栄光への意識と自尊心に満ちていることなどが挙げられるでしょう。

　そのような気質は、たぶんに紀元7～10世紀間の急激な版図拡大の歴史的体験を背景にしていることは言うまでもありません。西はイベリア半島から東はインドに達しようとするまでの拡張ぶりは、当時の東西の政治諸力に一種の真空状態ができていたことも要因となったでしょう。しかし主要因は、やはりイスラームという大義の持つ牽引力と長年アラビア半島で蓄積されていたエネルギーであったと考えられます。それまでのいわば原アラブ人は現在の北イエメンの方面から出てきた人達であったと考えられています。彼らはアラビア半島を中心に、しきりに対外的な商取引にも熱心に携わり、それが後代の拡大への素地を準備するこ

とにもなりました。

　小さな核が広大な平面に広がり、したがって各地で文化的混交の過程を取らざるを得ませんでした。それでもその総体を指してアラブ文化と呼ばれる内容を実現できたのです。膨大な領域に渡り、また地方色もたぶんに包含しながらも、アラブとしての糸を貫くのは、ただ手をこまねいていて達成できることではありません。この際の切り札としては、一つにはイスラームという精神文化があり、これはアラブ以外も包含するエネルギーを発散しました。そしてもう一つの有効な切り札がアラビア語でした。

　こうしてアラビア語を話す人がアラブ人であるという認識が、現在のアラブ諸国の多くで取られるに至ったのです。これは文化的な伝統や気質、あるいは民族論を語るよりも、その識別がよほどはっきりしています。アラビア語を話す人達は、自分の言葉を非常に誇りにしているので、この識別法は何の抵抗もなく持てはやされてもいます。換言すると、アラビア語がアラブたることの中心的なメルクマールとなり、14世紀間に渡って独自の文化的生産を可能にするような結集力を発揮してきたということになります。

　以上でほとんど、アラビア語の歴史的文化的な役割

を総論的には言い尽くしているのですが、今一度以下にもう少し細かく分けて見ておきましょう。もちろんその大半は知られた話ばかりかもしれませんが、本論の前にその導入口の効果があれば幸いです。

（1）アラビア語は急速に拡大したアラブ人社会の紐帯の役割を果たしました。それはユダヤ教徒、キリスト教徒、ゾロアスター教徒などイスラーム教徒以外も用いた言語でした。またペルシア人、イベリア半島の人達、エジプト人もシリア人も用いるに至り、地理的な広がりを見せました。その意味でアラビア語は、18世紀末に至りヨーロッパ勢力に抑えられ始めるまでは、世界に冠たる国際語でもあったわけです。

（2）アラビア語は堅固にして巧妙な表現手段として存分にその力を発揮し、独創的で濃厚な文化形成の基盤を提供しました。特筆されるのは、詩の発達でしょう。詩は魅惑的な力を持ち魔術とも見られ、そのため預言者ムハンマドは詩と詩人を非難しました。それほどに詩の社会的な影響力は狭い意味の芸術以上のものがあったのですが、結局禁じられるには至りませんでした。歌舞音曲が原則として禁じられて衰えを示したの

とは異なり、詩作は文学的芸術的創作活動の中心となりました。

　アラブ・イスラームが支配を及ぼした地域における諸言語である、コプト、シリア、ギリシア、ペルシアなどの各言語はその勢いをすっかり失ってしまいました。さらにそれらの諸民族も競ってアラビア語を習得し、アラビア語文法学の祖と言われるスィーバワイヒは、他ならぬペルシア人でした。

　またアラビア語の表現手段としての強靭さは、例えばアラビア語と他の言葉が混ざり合うケースが少ないことにも現れています。そのようなよく知られた事例としては二つ挙げられます。一つはアフリカのハム語との混交からスワヒリ語を、もう一つはマルタ島残存のラテン語との混交からマルタ語という周辺語を生み出しました。スワヒリ語はその後アフリカ大陸の広域語として重要な役割を担うことにもなりました。ちなみにアラビア語とちょうど反対のケースはラテン語です。それはローマ帝国の崩壊とともに死滅する憂き目に見舞われ、その後にはフランス語、イタリア語、スペイン語、ポルトガル語、ルーマニア語など計20ほどのラテン系地方語を生み出したのでした。

(3) 世界史の動きとの関連では、数学、薬学、天文学、化学、物理学、生物学や哲学などのギリシア古典がアラビア語により継承されました。やがてアラビア語からさらにヨーロッパ諸語に翻訳され、それがルネサンスの引き金を引いたことはよく知られています。例えば1151年、イベリア半島のトレドの町には、レイモンド大司教により翻訳館が創設されて、アラビア語からラテン語への翻訳が大規模に進められたのです。同様の努力は、シシリー島など他の土地でも進められました。アラビア語が文明のバトン・タッチに参画したということです。わが日本にはまだこの様な世界史規模の役割は与えられてきていないと言わざるを得ません。

また世界史規模の動きとして、19世紀以来の植民地主義との闘いにおけるアラビア語の役割も忘れられません。アラブ民族主義の重要な一翼を担い、アラブとしての民族意識を覚醒させたのでした。例えばアルジェリア独立の士ベンベラも、それまではフランス語しか良くしなかったのですが、国民指導のためにアラビア語を学んだということです。

(4) アラビア語はイスラームが啓示された言葉として、その教えを伝えてきました。アラビア語はアッラーの

言葉であり、したがってクルアーンの外国語への翻訳はありえず、意訳と称される理由です。またアラビア語の持つ甘美さ、強さ、独特の牽引力は、教えを広めるのに多大な貢献をしてきています。もうそれはアラビア語の魅力であるのか、イスラームの魅力であるのか、ほとんど判然とせず一体化しており、またわざわざ峻別の必要もない性格の問題でしょう。いずれにしても、アラビア語の力がイスラームという精神文化を支えつつ、世界に類稀な一大文明を具現化したのでした。

2．アラビア語の出自―セム語とは

（1）アラブの見解

　アラブの古来の考え方では、アラビア語を話した初めは預言者イブラーヒーム（アッラーの嘉しあれ）であったとされます。人類の祖で70万もの言語を話したとされるアーダムが紀元前100世紀以降に登場し、その800年〜1000年後に現れた預言者ヌーフ（いわゆるノア）には三人の息子がいました。長男サーム、次男ハーム、そして三男ヤーフスです。そしてそれぞれその名前を取り、長男がセム語（アラビア語、ヘブライ語など）、次男がハム語（エチオピアのアムハリ語などアフリカ諸語）、三男がその他のペルシア語、ローマ・ラテン語、トルコ語などの系統の始まりだとされるのです。

　預言者イブラーヒームは、ヌーフ以降約1000年後に現れた一神教の預言者ですが、それまで乱れていた信仰を立て直す使命を帯びていました。そのためヌーフの時代の大洪水で流され（方舟によって命を取り留めた人達の中から70から80の言語が生まれたとされる）、砂塵に埋もれたままになっていたカアバ聖殿を再

興したり、一神教の教えに則る巡礼を行ったりしました。それと共に、アラビア語を話した初めであるとされるのです。またアラビア語を書き始めた人は、イブラーヒームの妻ハージャルとの間にもうけた長男イスマーイールであったとされます。そこでアラブの見解では、アラブという民族の祖は、イスマーイールであるとされるのです。

　伝えによると、イブラーヒームの時代とイスラームの預言者ムハンマド（アッラーの祝福と平安あれと）の間にもまた3000年ほどの時間が流れました。しかしアラビア語自体がその間、どのような変遷を経たのか、あるいは何等の変化もこうむらなかったのかは、知る由もありません。またその間の状況を伝えるような当時の文献が残されているわけでもありません。さらに言えば、以上に挙げた年数については、アラブの伝えるところによっても、ほとんどすべて異説が見受けられるのが実情です。

　このようにしてクルアーンの言葉であるアラビア語の出自が語り継がれてきました。その見解はイスラームの信仰と不可分の一体として、現在もアラブ・ムスリムの間では揺るぎないものです。

(2) 西洋の見解

　視野を転じて、西洋の中東研究の流れを見ることにします。そこでは中世のアラビア語文献翻訳の伝統に基礎を得つつ[2]、徐々に文献の実証的研究という近代の学問研究の手法を取り入れてゆくことになりました。そして18世紀にもなるとアラビア語やヘブライ語、そしてイエス・キリストの話したアラム語やバイブルが当初書かれたシリア語以外の中東の諸語が確認されてゆき、次第に全貌が明らかにされ始めたのです。それらはいずれも、三個の子音からなる語根を持って一つの単語が構成される特徴を共有していたのです。そしてそれらはアラブが用いている命名法と同様に、セム語という呼称でまとめられました。[3]

　他方でブラック・アフリカの諸語は、二つの語根からなっているもので、その総称は西洋でもやはりアラブの命名法と同様に、ハム語と呼ばれてきました。この様なセム語とハム語への整理の仕方は、西洋の研究

---

[2] 1143年、クルアーンを論駁するために、ヨーロッパで初めてのラテン語訳が出された。Kees Versteegh, *The Arabic Language*, Edinbough U.P., 1997, p. 2.
[3] ヨーロッパで始めてセム語という用語を用いたのは、1781年、A.L.Shlözerであったとされる。同掲書、第4ページ．

者間で今日も維持されています。

　そして過去2世紀ほどの間は、セム語系統の諸語の研究とともにそれらを関係づけて一つの生命の樹を作り上げ、それによってセム語のいわば原初形態を探し出そうという姿勢が堅持されてきたのです。このような祖語を探そう、あるいはそれが元来存在したのだという仮説は、ヨーロッパ諸語について、インドのサンスクリット語にも戻る、インド・アーリア諸語（ペルシア語もその仲間に入る）の研究において、その姿勢が成功し成果を上げたという事実が背景にありました。セム語もどこかにその祖語が見出せるはずだという仮説に基づいたのですが、このアプローチは現在までのところ突破口を開ける光は見えてきていません。同時にこの仮説がセム語についても当を得ているかどうかもまだはっきりしません。

　しかしそのように課題の根本まで遡らなくても、アラビア語のセム語の中における位置づけについては、著者が大学生だった当時以来この40年ほどの時間を振り返っても、徐々にではありますがそれなりに変化を見せつつあります。それもまだ最終的な結論までは到達していませんが、以下においてはどのような変化であったのかあらましを述べます。そうすることにより、

アラビア語の出自について一層突っ込んだ関心を呼び、また理解を深められるかと思われます。

（3）アラビア語とセム諸語

　従来からセム語は三つの部類に整理されてきました。
　一つは、チグリス・ユーフラテス両河方面、メソポタミア地方を舞台とした、アッカド語の一群です。これは紀元前2600年-500年頃広まったのですが、シュメール人の侵入などを契機に、紀元前2000年にはバビロニア語とアッシリア語に分化したと考えられています。この系統の言語として、シリアのアレッポ南方語（エブラ）やラタキア北方語（ウガリット）なども確認されてきました。
　二つ目は、シリア・パレスチナ方面を舞台とした諸語です。これらの諸語は上述したアッカド語系よりは時代は千年ほど下ります。その中の一つがアラム語で、それはヨルダンのペトラ遺跡で有名なナバタイ王国やシリアのパルミラ遺跡で有名なパルミラ王国の公用語になりました。紀元後5世紀ごろまで広域的に使用されていましたし、それは今日でもシリアのマアルーラ村などには隔離された形で、生きた史跡のように新ア

ラム語として生き残っています。また多数のイエスの使徒たちによってキリスト教用語となったシリア語もこの系統で、それは紀元8世紀頃まで使用されていた記録があります。パレスチナ地方を舞台としたもう一つの大きな言語が、カナアン語です。この系統にフェニキア語や古典ヘブライ語が入ります。

　三つ目は、アラビア・エチオピアを舞台とした言語です。まずエチオピアには、紀元前後にゲーズ語、ティグレ語、ティグリニャ語、そしてエチオピアの公用語となったアムハリ語などがあります。アラビア半島の諸言語はさらに二つに分けられます。その一つは南アラビア語で、マアリブ・ダムを建設して有名なサバ王国で使用されたサバ語、それからあまり聞いたこともないマイーン語、カタバーン語（紀元前1000年頃中心）、ヒムヤル語などに分けられます。もう一つは北アラビア語で、時代的には南部方面諸語よりも下りますが、リフヤーン語、デダン語、ヒスマー語などが登場しました。

　それと同時に、アラブの伝統的な分類では、それらと共にムダル語と称されるものがあったとされます。この南北両方面のヒムヤル語とムダル語が、われわれの扱おうとしているアラビア語の祖先と見なされてき

たものです。そして北部方面の預言者ムハンマドの部族であるクライシュ族は、ムダル語から出てきたとされてきました。

ところがこの30年間に研究が進展した結果、アラビア語が持つ他のセム語との関係からして、ヒムヤル語やムダル語よりはパレスチナ方面のカナアン語との関係の方が強いのではないかという見方が提唱されてきたのです。[4] 以下は少し詳しくなりますが、例えばそれは、動詞の過去形語尾の子音（第1人称「書いた」は、katabtu であるのでt）はアラビア語でもアッカド語でもtであるが、エチオピア諸語ではkであることなどが挙げられます。あるいは現在形の語頭の母音は、アラビア語ではa（第1人称「書く」は、aktubu）だが、エチオピア諸語ではそれはi である一方、アッカド語ではaとi が混在していることなども挙げられます。この関連性にはアラビア半島とシリア・パレスチナ方面との商業活動がもたらした部分があったのかもしれません。しかしこの議論はまだ確定されるまでには至っ

---

[4] Robert Hetzron, 'La division des langues sémitiques', in *Actes du Premier Congrès International de Linguistiques Sémitique et Chamito-Sémitique, Paris, 16-19 juillet 1969*, ed., André Caquot and David Cohen, The Hague and Paris; Mouton, 1974, pp. 181-94.

ていません。⁵ それは、アラビア語は北アラビア語のムダル語を出自とするとのアラブの伝統的見解に、一石を投じたという段階でしょう。⁶

　以上に加えて、南アラビア・エチオピア諸語と北方面のカナアン語、シリア語との共通点を様々に指摘する向きもあり、そうするとアラビア語のセム諸語の中での位置づけにまた複雑さが加わる可能性も秘められています。

(4) 展望

　この章を閉じる前に、もう一度振り返っておきたいことは、セム語全体の整理研究作業が精力的に進められる反面、それは容易ではないという事実です。セム諸語の共通点として挙げられることとしては、すでに触れたように、単語は三つの子音からなる語根で構成

---

⁵ 南アラビア語には第一人称の動詞活用が見られないので、以上の比較が成り立たないとの説もありうる。
⁶ ムダル語を実在した言語とみなさない立場もある。*The Cambridge Encylopedia of the World's Ancient Languages*, ed., Roger D. Woodward, Cambridge U.P., 2004, Chapter 15, 'Ancient South Arabian', Chapter 16, 'Ancient North Arabian', pp. 454 - 533.

されるということに加えて、動詞はそれら三語根の前後の変化で活用される(「彼が書いた」、は kataba だが、「彼が書く」は、yaktubu となる)ことも挙げられます。この様に識別ははっきりしているようでも、他方で中東全域での顕著な動向としていわゆる広域語が次から次に登場したために、セム諸語が輻輳し、その関係が極めて不鮮明になったという事情がありました。広域語を時系列で振り返ると、アッカド語、フェニキア語、それから紀元前6世紀頃広まったアラム語、ついでシリア語、最後にアラビア語という順です。

　アラビア語とその他のセム諸語との関係だけに再度絞ってまとめてみましょう。例えば数詞の3は、アラビア語ではサラーサ、アッカド語ではサラースム、ヘブライ語ではサーロス、シリア語ではテラート、エチオピアのゲーズ語ではサロースとなり、それらの近似性は一見して明らかだといえます。ただし、ここで単純化のために日本語表記するのには、細かな子音の区別はしていません。ですから、同じ「サ」表記でも、s と th など異なるかもしれない点はお断りしておきます。

　またセム語に広く見られる特徴として、次の3点が挙げられます。

（1）名詞の最後の母音がウ（主格）、イ（所属格）、ア（対格）の三つに変化。
（2）不定名詞はンで終わること（タンウィーン）。
（3）動詞の未完了形最後の母音が、ウ（直説法）、ア（接続法）、無母音（短縮法）と三種類あること。

　これらの３点はアラビア語とウガリット語、アッカド語ではすべて存在しましたが、他のセム諸語では（2）と（3）がないか、あるいは摩滅する傾向にあり、例えばアッカド語でも衰えてきていた現象が観察されています。（2）は元々アラビア語特有であったという説もあります。それは現在もまだ半島東部のベドウィンの言葉には残されていますが、しかしそれが古来のままのものであるかどうかは議論があります。

　以上のように未だに近似性が確認されるもの、その近似性が時と共に失われつつあるもの、最後には元々アラビア語だけの特有な現象と見られるものなどに分かれるということです。セム諸語がインド・ヨーロッパ諸語のような、きちんとした生命の樹の絵図に描かれ得るかは、かなり疑問かもしれません。

　そこで再度アラブの見解に立ち戻ると、アラビア語の初めとされる預言者イブラーヒームもマッカにやってくる前は、パレスチナやシリアにいたとされ、その

使用言語は古典ヘブライ語であったと信じられています。ここに近似した諸語が錯綜する姿が容易に浮き彫りにされることだけは間違いないようです。

3．イスラーム以前の状況

　イスラームの登場までのアラビア語の状況については、アラビア語の出自がはっきりしていないと同程度に解明されていません。西洋の研究者の見解を見ることから始めます。

（1）西洋の見解

　　ア．紀元前後まで
　砂漠の遊牧民の始まりは記録がない分はっきりしませんが、記録の確かめられる歴史の初めとしては都市を中心としたものでした。その時代の大きな国としては、今のヨルダンにあるペトラ遺跡を残したナバタイ王国（150BC－105CE）がありました。この王国は、106年、ローマのトラヤヌス帝に滅ぼされました。もう一つの注目すべき国は、ダマスカスより東北へ200キロほど行ったタドムルの街を中心に発達したパルミラ王国です。272年、この王国はやはりローマ帝国のアドリアヌス帝に滅ぼされました。

　この二つの王国の言葉に共通した点は、両方ともアラム文字、もしくはそれから派生した文字で書いてい

たということ、ならびに定冠詞はＬと書きそれは現在のアラビア語につながっているといわれる点でしょう。この二つの王国ではアラビア語が使用されたとも言われますが、しかし当時のものとして残された遺跡は数も限られ、アラビア語といってもその中に固有名詞が記されているぐらいで、アラビア語全般の状況を判明させるにはあまりに分量が不足しています。

　なお現在のアラビア文字の源は、ナバタイ王国の文字が流れたものではないかというのが、昨今出されている見方です。同王国の中心地ではなく、むしろより南に下がったネゲブ砂漠の方から出てくる遺跡によって、残された文字の幾つかの特徴からそのような見解が提唱されているのが現状です。

　イ．紀元後
　現在のアラビア語に繋がる言葉を話した部族は、都市を中心とした文明や生活から離れて砂漠化の道をたどるものの中から出て来たと考えられています。アラビア語では砂漠を渡ることを、アバラ（ʽabara）と言いますが、アラブという名称やさらにはヘブライという名前もこのアバラから生まれたとされています。砂漠の民ベドウィン化の道を促したのは、ラクダの利用、

特にその鞍の考案であったのではないかとも見られています。

これらの砂漠の民も周辺の大国と連動して、紀元前から紀元後数世紀間に渉り、三つの国を作りました。一つはビザンツ帝国の支持する、ガッサーン王国です。これはマッカの東側あたりに勢力を張りました。西にはペルシアの支持するラフム族が勢力を確保していました。最後には、南アラビアのヒムヤル王国の支援するキンダ王国が、イエメン方面に力を持っていました。

イスラームの時代に至るアラビア語への導入口としては、これら砂漠の諸勢力の動向を見る必要があります。まずこれら三つの王国の文字の遺跡から分かっていることは、いずれも定冠詞はＨであったということです。この点ではアラビア語と異なっているのです。また南アラビアのヒムヤル王国の言葉は、元来北の方からの移民によるものであり、したがって当時の北アラブとの意思疎通もできたと解釈されています。しかしそれも確定されたわけではなく、当時のアラビア半島には互いに意思疎通を図りながらも相当数の言語が行き交っていたと理解されます。そして相互に影響しあったことも想像に難くありません。

例えば、クルアーンの言葉に、語気をとめる半子音

であるハムザが入っているのは、当時の砂漠の民の発音の影響とされます。マッカ地方では、ハムザ音はその長母音として発音されていたのでした。また東部砂漠の民は一般に西の都市部よりも語気の強い発音をしており、そのために母音が消滅するなど影響を受けるケースが少なくなかったが、それが現在のアラビア語にも残っている場合があるとされます（良さ、husn は husn, 首 ʻunuq は unq となった例）。あるいはクルアーンで長母音のアーが、アラビア文字のワーウで書かれる場合（礼拝のサラー、喜捨のザカー、生涯のハヤー、平安のサラームなど）は、元来アラム語でオーと発音されていたものであり、これも相互影響の一例に数えられています。

（2）アラブの見解

　次にアラブの伝統的な整理は次のようです。
　アラブの祖先としては、南と北の二大源流が挙げられます。南のアラブ諸族（カハターニー）でも、アウス、ハズラジュ、タイイなどは、北部へも進出していました。元来から北の部族（アドナーン）としては、タミーム、カイス、クライシュなどがいましたが、これらは

預言者イブラーヒームの息子イスマーイールに遡る人々だとされます。これら南北のいずれ方面の部族の言葉もアラビア語の源泉としてはアラブ学において、了承されているものです。ただしやがてクライシュ族が周辺の諸語の一番良いところを吸収しつつ、アラビア語を浄化し高めたとされます。そしてこれがクルアーンの言葉へと流れ込んでいったという解釈です。

他方で遊牧の民は、アラブ・アアラーブ（ʻarab aʻrāb）、つまり野蛮な民族と見られるのが普通で、クルアーンでは不信の民として扱われています。そのような部族として、アード、サムード、ジュルフムなどが挙げられます。これらは、失われたアラブ（アラブ・バーイダ）とも称されています。ところがこの様に低くみなされる砂漠の遊牧民の言葉は、全く別の脈絡では高く見られました。と言うのは、アラビア語の二大源泉でクルアーンに次ぐのは、イスラーム以前の砂漠の民の残した詩（カスィーダ）であるからです。

上の（2）末尾に見たアラビア半島内の諸部族間の言語的な相互影響について、さらにアラブが挙げている諸点を見ましょう。まず否定のマーの後には普通は主格であるものを、ヒジャーズ地方ではそれを対格にしていました。それはマー・ヒジャーズィーヤと呼ばれ

ていますが、後代に正式のアラビア語文法に認知されました。また〜の持ち主、と言う意味の、ズー、ズィー、ザーは総称で、ズー・タイイ（タイイ部族のズー）と呼ばれて、クルアーンには登場していませんが、現代アラビア語には生かされている例です。

（3）無明時代（ジャーヒリーヤ）の概観

　以上の様々な状況全体が、ジャーヒリーヤ時代と言う用語で締めくくられます。それをもう一度、見直しておきましょう。それがイスラーム直前の状態に光を与えてくれます。

　ジャーヒリーヤ時代とその後の砂漠の生活は、日本で言うと万葉の時代のように、アラブ人の無垢な時代と写り、言語的には正しくそのように評価されてきました。中でもジャーヒリーヤ詩に対する強烈な思慕の情は、アラブ文化全体の中でも大変な比重を占めるものです。後の時代になっても余裕のあるアラブの階層は、その子弟を正しく豊かなアラビア語習得のために、砂漠に送り出す風習を持っていたくらいです。

　そして当時のアラビア語は、書き言葉であると同時に日々の話し言葉でもあったと考えられてきています。

つまり口語と文語の乖離は見られていなかったという立場です。そしてアラビア語の理想であり、口語と文語の乖離がないという点についても、基本的にクルアーンも全く同様です。

もちろんどの言葉でも実際は、話し言葉は書き言葉と何がしかは異なっていても不思議はありません。それぞれに対する言語的な要求のポイントが異なっているからです。でもそのような実際的な意味での差異ではなくて、システムとして両者は異なっていたと言えるのかどうかが問題になっています。

この口語と文語双方の乖離の有無について、アラブと西洋の研究者の見解が二つに分かれたまま議論が進行しつつあるのが、今日の現状です。まだ西洋の方も一向に結論は出ていませんが、特に名詞の格変化（主格、所属格、対格の別）が口語で失われていたかどうかが、論争を呼んできています。様々な実証研究を経ても、素材も限られており認識を新たにするような確証を得られていないのが実情です。

以上が現状です。そうするとやはり今日の見方としては、いずれ様々な議論が実証的に進められるとしても、ジャーヒリーヤ時代に関するアラブの伝統的な見解はまだまだ捨てられないということになります。同

時代をアラビア語の受け皿としては理想化して考えるということです。当面はいずれにしてもそのように理想化された認識が、アラブの知識人に受け入れられ、その前提で様々な文化活動が行われてきたという厳然たる事実がまずは重要なことだと言えるでしょう。

4．イスラーム以降の充実

　様々な方言も交えつつ、アラビア語がアラビア半島に行き交っていた様子は、前章に見た通りです。マッカやアルマディーナ周辺だけでも、クライシュはもとより、タミーム、ルバイア、ムダル、カイス、フザイル、カダーアと言った名前の部族が知られていました。半島の他の地域にも有力な部族は闊歩していた状況です。その様はまさにイスラームを中心とした新たな文化的諸力を触媒として、新たな結晶が生まれる前の一つの混沌であったと形容できるでしょう。そしてその混沌から脱却して新たな輝きが凝結するための諸条件は、渦を巻きながら早雲が集まるように整ってきたのでした。

　ここでアラビア語の整備・結集が時代の急務となった、イスラーム初期の状況をもう一度まとめておきましょう。

・最大の要因はクルアーンを書き下ろし、次いでそれを正しく解釈するという喫緊の課題がありました。下手をするとクルアーンの表記さえも、区々に分かれる恐れが多分にあったのです。

- 都会生活に入った人達にとっては、砂漠の生活に根づくアラビア語の源泉からできる限り生の言葉を収集しておきたいという要請もありました。ジャーヒリーヤ詩（カスィーダ）の収集と整理はその鑑賞だけが目的ではなかったということですが、その際正しいアラビア語の判定者として大いに頼られる存在となったのが、詩人でした。[7]
- 各地にまたがったイスラーム圏内でアラビア語は様々に既存の諸言語から影響を受けましたが、その一番単純な方法は単語の借用という形でした。このプロセス自体はジャーヒリーヤ時代から進んでいたとしても、版図の急速な拡大はその流れを一層促進せざるを得ませんでした。このためアラビア語を整理する必要性がさらに肌で感じられるようになったということです。[8]

　当時のアラビア語に結集されたような規模で、特定の一つの言語に万人の努力が集中された例もあまりな

---

[7] 諸部族のアラビア語語彙収集の結果、語彙や語義が急増したことについては、参考 1. の諸例を見よ。
[8] ジャーヒリーヤ時代とイスラーム初期の外来語に関しては、参考 2. に諸例を挙げた。

いのではないでしょうか。その経過を紀元7－8世紀のイスラーム初期から10－11世紀頃の中期までというある程度時間に幅を持たせて、（1）文字と記述法の成立、（2）文法の整備、（3）辞書の編纂、（4）書道の発展と言う諸側面に分けて見ることにしましょう。ただし最後の（3）と（4）の二つの事項については初期からここで言う中期までにとらわれず、12世紀以降の動きも一気に取り上げることになります。

（1）文字と記述法の成立

　アラビア文字の成立については、詳細はまだ判明していません。広く言えば大半のセム語と同様にエジプトの象形文字を遠い祖先とし、それがフェニキア文字に入り次いでアラム文字になったのがアラビア文字の源泉と考えられています。ですからメソポタミアの楔形文字の系統ではないと言うことです。またアラビア文字の直接の源泉は、アラビア半島周辺の諸セム語民族の文字であろうことは間違いないのですが、それも最終的に確かめられているものはまだありません。ただしアラビア半島北部に勢力を張っていたナバタイ語の文字が直接にアラビア文字に結びつくのではないか

と言う説が増えてきました。

　他方、すでに触れたとおり昔から言われたのは、預言者イブラーヒームがアラビア語を話した初めで、その息子、イスマーイールがアラビア文字を始めたものだと言う説です。また高名な歴史家イブン・ハルドゥーン（1406年没）など伝統的なアラブの見解の多くは、古代アラブ民族が出たとされるイエメンのヒムヤル文字からアラビア文字が生まれてきたというものでした。しかし実証研究を重んじる立場から、この見方はアラブでも欧米でも現在はあまり支持されていません。

　この事情をもう少し敷衍して触れておきましょう。

　20世紀のアラブ古文書校訂学の第一人者であったシリア人学者、サラーフ・アッディーン・アルムナッジッドは、マッカやアルマディーナのあるナジド地方の通商路からして、またダマスカス南方のナマーラという所から20世紀初めに発見された紀元4世紀初めの碑文などからして、半島北部で流布したナバタイ文字がアラビア文字の直接の源であると言います。

　石碑文字の研究で知られるエジプト人学者、イブラーヒーム・ジュムアもナバタイ文字がアラビア文字の源であり、更にナバタイ文字はアラム文字から来ているとしつつ、ナジド地方への影響のルートとしてはイラ

ク方面のヒーラやアンバールといった後のクーファ市近くの古代都市経由も考えられるとします。

　アラビア語辞書の歴史研究で知られカイロ大学文学部長にもなったエジプト人学者フセイン・ナッサールは、紀元3~4世紀、まだナバタイ語が衰える前にその文字はアラビア半島に大きな影響を与えていた、イエメンがアラビア文字の源泉と言う従来の見解は何ら証拠に依拠していないと主張しました。

　事実クルアーンの記述の中にも、ターの文字が丸くなるべき所（ة）がそう書かれずにバーの様に開かれた形（ٮ）にされたり、礼拝（サラー）や喜捨（ザカー）などの言葉の長母音が通常の縦長の線であるマッダ（ا）ではなくワーウ（و）の文字で表されたりしていて、それらはナバタイ文字での綴り方の残滓であるとも言われています。そしていずれにしても、まだまだ碑文の発見も期待できるので、急いで無理に結論を出すべきではないだろうと締めくくられます。[9]

　次いで文字の成立を前提としての記述法の話に移ります。

---

[9] 以上のアラブ人学者の見解については、ファウジー・サーリム・アフィーフィー『アラビア語書道の成立、発達とその文化的社会的役割』クエイト、1980年。第49-70ページ。

クルアーンをしっかりと書き記すことが至上命令になった事情は、容易に想像がつきます。預言者ムハンマドの生存中から、記すように命じられた人はアラブの伝えでは、ザイド・ビン・サービット（665年没）であるとされます。[10]　だからこそ、クルアーンそのものを指す用語としても後の方のアルマディーナの啓示では、当初は「読むもの」の意味のクルアーンであったのが徐々に「書かれるもの」の意味のキターブに移っていることが指摘されます。そしてヒジュラ暦2世紀末ごろには、第3代ハリーファ・オスマーンの命により進められたいわゆるオスマーン版のクルアーンが広いイスラーム圏にほぼ普及したと見られます。

　当時の一番の困難性は、文字に点を入れることがなく、従って、ﺑﺖ あるいは、ﺳﺶ などはそれぞれ区別がつけられなかったことでした。ただしこの点は、シリア文字に倣って、アラビア文字にも点を加えて区別する風がイスラーム開始前後にはかなり普及してきていました。さらに今一つの困難は、各子音に短母音が書かれなかったので、一見して発音することは容易

---

[10] クルアーンの用語の語源は、シリア語の queryānā（読誦の意）ではないかとされる。前掲書、Versteegh, *The Arabic Language*, p. 55.

でなかったということでした。

　しかしこれもアラブの伝えるところによると、最初のアラビア語の文法家とされるアブー・アル・アスワッド・アッドアリー（688年没）は、短母音に赤色などの色の点を、位置を決めて付けることによってそれを区別する方法を導入したとされます（アは文字の上、イは文字の下、ウは文字の左側、無母音のタンウィーンは二重点）。また彼は現在も使われているアイン（ع）の文字の頭だけをとった形のハムザ（ء）を書いたり、二重子音の上に点の形をしたシャッダを書いて明示した初めともされます。

　その後、アラビア語辞書としては始めての『アインの書』と言う辞書を編んだ、アルハリール・ビン・アフマド（791年没）は、子音の短母音を表す方法を色付の点より一歩進めました。それは縦の線であるマッダの短い線でア音を、アラビア語のワーウの小さい形でウ音を、同じくヤーの下半分でイ音を表すようになりました。またシャッダは現在も使われているスィーンの小さい頭の部分で示しました。ご丁寧に二重子音ではなく、単一の子音であることを明記するためには、khの音であるハーの文字の小さな頭を持って示すこともしました（これは現在では普通は使われない）。この

時点で、アラビア語を表記する問題はすべて克服されたことになりました。アルハリールはその記述法を記した『点（ヌクタ）と母音表記（シャクル）の書』を著したとされますが、残念ながら同書は現存していません。

　他方で急速に拡大した帝国の行政上の必要から、当時のギリシア人やペルシア人が書記官として登用され、多く外国語文書が往来することになりました。しかしそれも 700 年、ウマイヤ朝ハリーファのアブド・アルマリクが公式文書はアラビア語で表記することを定めることによって、終止符が打たれたものと考えられます。こうして記述法の完成以前にアラビア語公用語の時代へと突入していたのでした。

（2）文法の整備

　アラビア語は神の言葉である以上、何の例外や規則の逸脱もあってはならない、すべてが明晰に説明されねばならないと考えるにいたった事情は、現代のわれわれ日本人からしても想像に難くありません。そのためアッバース朝以降オスマーン・トルコにいたるまでの 7~8 世紀間全体を通じて、文法家列伝に扱われる人

達は4千人を下らなかったとも言われます。体系だったアラビア語文法といえば、その創始者であり最高峰とみなされるのは、スィーバワイヒ（793年没）です。

彼は750年頃ペルシア（場所は不明）に生まれ、ムスリムとなってイスラーム法の勉強のためにバスラに移りました。しばしばアラビア語の間違いを指摘されたのが、文法家になった背景だとも言われます。他界の直前にはバスラから郷里の方へ戻ったそうですが、その理由も論敵に文法上の間違いで辱めを受けたことが理由となったようです。しかもその間違いの判定は、純粋なアラビア語を話すとされるベドウィンたちの意見に従ったのですが、彼らは当該の論敵に買収されていたそうです。この事件の真偽は別としても、文法というものを巡っての激しい状況が浮き彫りになります。

さて彼の文法論は校訂本で印刷されても2巻571章に渡る長大なものですが、その特徴などをいくつかここで紹介します。ちなみに彼の文法書は、アルキターブ（書）と言うタイトルで、その圧倒的な権威のために、クルアーン・アルナフー（文法のクルアーン）との別称も得ています。

まず文法全体を、ナフー（統語論、文章構成など）とサルフ（形態論、語尾変化など）に二大別しましたが、

この手法は現代まで受け継がれています。音声学は付属的で、アクセントなど音韻論にいたっては扱われていません。むしろそれはクルアーン読誦学で扱われます。品詞は、名詞、動詞とそのほかの接辞の三種類に分けられます。またイスラーム法学などでも使われる論拠の一つでキヤース（類推）と言うのがありますが、スィーバワイヒの文法でもキヤースによって説明することにより、例外の多発を防ぐ手法がとられました。

　以上のように言ってもアラビア語をかなりやっていないと、その意義がつかめないのは当然です。そこで一歩だけ踏み込むことにします。ここに同じ意味の、二つの文章があります。

「学生たちは一つの文章を書いた。」
A.　カタバ・アルトゥラーブ・ジュムラタン
　　كتب الطلاب جملة
B.　アルトゥラーブ・カタブー・ジュムラタン．
　　الطلاب كتبوا جملة.

　Aは主語（الطلاب）が単数活用の動詞（كتب）の後に来ています。Bは、主語であった言葉が初めにあり、動詞は複数形（كتبوا）になっています。スィーバワイヒは

その理由をBの初めの「学生たち」は独立した言葉と解釈し、Bの動詞の最後の語尾であるウーと言う長母音は一種の接尾人称代名詞であり、男性複数の主語を示すと説明します。

　この一例からも、文章構成と語尾変化が一体の問題として論じられていることははっきりします。また当然ながら、西洋の文法学とも別の世界であるということもつかめるかと思います。

　さらにもう一つ面白い点を追加しましょう。スィーバワイヒは文法の要素に軽重の別を設け、名詞は動詞より軽く、母音でもア、イ、ウの順で重くなると整理します。そしてより軽くなる順序で言葉を理解、配置すべきだとします。これからすると、上のB文章は名詞「学生たち」でいったん切って、複数動詞から改めて文章を始めるように解釈したがる理由も分かります。

　この軽重のアプローチを使うと、誰しも不思議に思う現象も説明可能です。それは第三根が弱子音になる弱動詞の変化についてです。例えば、現在分詞のカーディン（裁判官）は主格、所属格、目的格と変化する際、語尾はディン、ディン、ディヤンとなります。初めの二つが一般法則通りに、ディウン、ディインとなれない理由は、もう言う必要もないでしょう。それらは軽

いィの音からより重いウや、同等の重さのイに移っているからです。

　スィーバワイヒの「書」が本当に権威書となるのには、やはり1世紀ほどの時間を要しました。その間には、バスラ学派とクーファ学派の議論と駆け引き、あるいはバグダードの学者も加わり、多くの文法学者の論争と競争がありました。そしてついにバスラ学派の優勢をゆるぎないものにしたのは、アルムバルラッド（898年没）がスィーバワイヒの「書」のまとめである、アルムクタタフ（抜粋）という文法書や総合的情報を記載したアルカーミル（完璧）というタイトルの書を認めて、彼の説を広めるのに貢献したからであるとされています。またその後は、アルザッジャージー（949年没）がスィーバワイヒの「書」の入門編キターブ・アルジュマル（文章の書）をまとめ、これも広く使われました。さらにアルザマフシャリー（1144年没）は、スィーバワイヒの「書」を詳細に論じると共に新たな整理をしたアルムファッサル（詳論）を著しました。

（3）辞書の編纂

　それまでの語彙を収集した単語集から、各単語の構

造に従って配列し検索可能な辞書を始めて作成したのは、アルハリール（718年オマン生まれ、没年は776年、786年、あるいは791年などの説あり）でした。それ以降は、彼の辞書に対するさまざまな追加や修正が出されたり、さらには語彙の配列方法にも新たな方法が編み出されて、結局アラビア語辞書は大きく三流派に分かれることになりました。

　なおこの様にクルアーンの編纂がなってからほぼ1世紀の間に、本格的なアラビア語辞書がアラブ人の手によって編まれたことは、大きな意味があると思われます。それこそまだ文字さえ考案されず、固まっていないような状態からのスタートでした。これと比較したくなるのは、わが日本語です。初めての辞書が『日葡辞書』で、その編纂者はポルトガル人宣教師、時は15世紀でした。表面的な比較をするつもりはありませんが、少なくともアラブ人の神の言葉、即ちアラビア語に対するすさまじいばかりの執着心とその整備に対する使命感は、間違いなく伝わってくるのではないでしょうか。

ア．文字配列は発声器官の位置による方法
　（ア）アラビア語辞書の初めは、上述のアルハリール・

ビン・アフマドの『アインの書』（キターブ・アルアイン）です。彼は文法学者のスィーバワイヒの師匠で、若い頃バスラに留学しましたが、音楽論や詩の韻律論も良くし、またアラビア語の記述法に貢献した人としても知られています。彼はこの辞書『アインの書』ではクルアーンやジャーヒリーヤ詩を全部参照して、アラビア語にあるすべての語彙を掲載しようとしました。

　当時は文字の順序もようやく現在の方法が編み出されたものの、未だそれは支配的ではありませんでした。そこで音楽の音階も勘案して彼が考案したのは、使用する発声器官の位置に関係づけて、奥の方から出す音を先にするというものでした。それは喉音、口蓋音、歯擦音、舌音、唇音、弱子音の順になります。

ع ح هـ خ غ ق ك ج ش ض ص س ز ط د ت ظ ذ ث ر
ل ن ف ب م و ى ا ء

という順序でした。そして原則すべての単語は三つの子音の組み合わせで構成されているので、例えば、最初の ع の項目の中に、他の２つの子音とのあらゆる組み合わせで実際にある語彙をすべて記載するという方法でした。アルハリールが通常のアルファベット順を嫌った理由の一つは、その最初の文字がアリフという弱子音であるからともされていますが、彼の音楽への

関心が影響した面もあるようです。

　しかしこの配列方法には出版当初から賛否両論があり、本当の著者は彼ではないという者も現れました。ただしこれは彼に対する後代の批判を避けさせるための弟子たちの配慮とも見られます。また後にこの書を完璧なものにしようとの意図から、彼の書き漏らした諸点を集大成したものも出されました。

　しかしその後、辞書編纂上第一世代のこの方法は検索が困難であるという明白な理由から、衰えることは避けられませんでした。

（イ）それでもそれから2世紀ほどして上のアルハリールの方法を基本的に踏襲した辞書がいくつか編纂されました。『秀逸の書』（キターブ・アルバーリイ）（アルカーリー著、アンダルシアの人）、『躾の書』（キターブ・アルタハズィーブ）（アルアズハリー著）ですが、後者はアラビア語百科全書との呼び声があります。さらに1世紀後、『判断の書』（キターブ・アルムフカム）（イブン・サイイディヒ著、アンダルシアの人）で、これはクルアーンや預言者伝承以外で、それまでにあまり扱われてこなかった書簡類も語彙探索の対象にした点が特徴となっています。

イ．一番後ろの語根順で並べる方法

（ア）この文字配列は第3語根、第1語根、第2語根の順に検索する方法で、以下の『アラブの舌』に先立つ『正確さの書』（アッスィハーフ）において先鞭がつけられましたが、その作者はアルジャウハリー（1003年没、タブリーズの人）でした。詩の韻律は最後の音節で見ますから、そこからこの配列方法が考案されたと考えられます。なおその際のアルファベットは、現在の順序と同じになりました。

（イ）現代の活字印刷で20巻にわたる膨大な分量となった『アラブの舌』（リサーン・アルアラブ）を著したイブン・マンズール（1252年あるいは1311年没、北アフリカ出身）が、次期の辞書編纂の方法をリードしました。それまでのいくつかの立派なアラビア語辞書を前に並べて、その比較に基づいて執筆されたこの辞書は、8万件の掲載を誇り、内容的にアラビア語辞書の範となりました。

（ウ）次は『大洋の大海』（アルカームース・アルムヒート）で、これはイランのシーラーズの人、アルフィー

ルーザーバーディー（1414没）の著述です。これも上記の『アラブの舌』と同様の順序で文字を配列し、3万個の見出し掲載を達成しました。こちらは全2巻というサイズでもあり大変普及し、その名称であるカームースは元々は大海という意味でしたが、その後辞書の意味を持つようになったのでした。

（エ）上の『大洋の大海』の解説をしようという意図から編まれた辞書が、『花嫁の王冠』（タージュ・アルアルース）と呼ばれるもので、ムルタダー・アッザービーディー（1791年没、イエメン出身で後にエジプトに在住）が編纂し12万個の掲載となりました。

（オ）その後1世紀ほどしてから、『基準の書』（キターブ・アルミウヤール）が、ミールザー・ムハンマド・アリー（シーラーズの人）によって編まれた。

ウ．三語根の順通りに配列する方法

（ア）この方法で知られる初めは、『修辞の基本』（アサース・アルバラーガ）で、アルザマフシャリー（1143年没）の著作です。これまでの正確さを求める傾向と

は異なり、言葉を修辞する方途として見直しましたが、もちろん最高の修辞はクルアーンに見出せるという立場です。

（イ）この配列方法は次の世紀のイブン・アルアスィール（1210年没）の著『終わり』（アンニハーヤ）にも採用されましたが、当時の流行は上に見た『アラブの舌』の三語根の最後から整理する方法でした。

（ウ）時代は飛んで、19世紀後半、イエズス会宣教師の努力が辞書編纂の世界で発揮されはじめました。その典型は現代アラビア語辞書の先鞭をつけることにもなった、ブトロス・アルブスターニーの『大洋の大洋』（ムヒート・アルムヒート）でした。そして現代に至るまで、語彙の配置は三語根の順通りというのが定着しているわけです。

エ．アラビア語浄化の活発化

以上の辞書編纂の動きとは少々異なりますが、アラビア語の整備と編成に同じように貢献したと考えられる一連の出版物がありました。効果の面では辞書と同

様に考えられるので、この類のものをここで少々言及するのも場違いではないでしょう。

それは使用されているアラビア語の単語で、不適切で正しいアラビア語ではないというものの収集です。いわば辞書の裏書のようなもので、間違い集を本にしたかっこうです。一番原点となり有名なのは、『特殊な人の幻想に沈み込む者の真珠』(ディルラ・アルガワース・フィー・アウハーム・アルハワース)と題されるもので、著者は詩人として高名な、イブン・ムハンマド・アルハリーリー(1122年没)です。

ヒジュラ暦6世紀以来、同著を巡って多くの高名な学者が、それに触れられていない言葉を集めては追補を出版してきています。この事実は、やはり引き続きアラビア語を正しい姿に保っておきたいという、長年月にわたる多くの人の強い願いが、書名の通り光る真珠のような結晶を生み出してきていると言えるでしょう。

(4) 書道の発達

本書の「はじめに」の部分で、世界でも書道が独立した職業として成り立ったのは、アラビア文字圏と東

アジアの漢字圏だけであったことに触れました。これは大変な事実であろうかと思います。それだけにアラビア語書道の歴史は、生半可なものではありません。ここではその大筋の概略を紹介するに留めます。[11]

ウマイヤ朝（661 – 750 年）以前には、これと言った定まった書体はまだありませんでした。クルアーンの写本が幾つか、その当時のものとして残っていますが、少し傾斜した書体が後の時代になってから一般的にマーィル（斜め）書体と呼ばれるようになりました。ただその書体はまだまだ確立したものでも独自のものでもなく、直立していないというくらいの意味合いでした。

しかしこのマーィル書体は直線的で角張った所は、次のクーフィー書体の一番の特徴として引き継がれたのかもしれません。ウマイヤ朝の 8 世紀後半には、クーフィー書体の発展が顕著です。それは主としてクルアーンの筆写に使用されたのですが、現代に至るも最も権威的な書体として使用されています。クルアーンの書写以外にも、書物のタイトルや看板のような字体として用いられることが多いのは、日本に印鑑などで隷書

---
[11] 本書参考 4.「アラビア語書体の色々」、並びに『イスラーム書道芸術大鑑』第 21-57 ページ参照。

体が用いられるのに酷似しています。隷書体も権威のある書体で、直線と鋭い角度で特徴づけられます。

　ウマイヤ朝からアッバース朝にかけては、曲線を取り入れた書体も発達しました。それは商取引、通信、翻訳・著述活動、写筆など様々な用途、特に通達などの行政文書が大量に作成され始めたことが背景にありました。要するに実用的に曲線が自然と取り入れられたということです。中でも命令通達の任務は実際的な目的の中でも重い責務を負い、それは大きな紙に大きな書体で書くことにより、権威を増すようにされました。これが当時の紙のサイズを最大に使い、トーマール書体と呼ばれるものに纏められました。トーマールとは元来、紙（羊皮紙、パピルス、やがて梳いた紙）の最大のサイズのもののことでした。

　こうして最大サイズの書体がまとまるとともに、それの半分（ニスフ）、三分の一（スルス）、三分の二（スルサイン）の大きさが定められるのは時間の問題でした。大きさは同時に、文字の幅と長さの比率でもありましたから、それも一定比率（幅の二乗が長さとされる）が求められました。そのために筆の毛として用いられた馬の毛を何本並べるかで、具体的な幅と長さが定められたということです。このように比率が定めら

れているところから、当時の書体はマウズーン（比重）書体と総称されることになりました。因みにトーマール、スルサイン、ニスフ、スルスの四つの書体の幅は、馬の毛の本数で言うと 24 本、16 本、12 本、8 本という比率で細く規定されました。

　ただし一部の異説としては、縦の直線と曲線の分量の比率が、スルスなどの名称の起源だとするものもあります。いずれにしても行政や日常的目的のため、クーフィー書体にはない曲線を多く使う書体が相当主流になったことは間違いありません。

　アラブ書道にとって大切なことは、このマウズーン書体からその後の書道芸術の世界が切り開かれる基礎が敷かれたということです。ほぼ 20 の数を数えるほど多くの書体が流通していたのですが、どれもすぐ崩れる傾向にある中を、その基礎はイブン・ムクラによって敷かれました。イブン・ムクラは二人の兄弟で、二人とも筆達者でしたから、兄弟の何れがどのような仕事したのか、現在ではその区別がはっきりしません。二人とも 940 年代に没しました。彼らが築いた基礎とは次のようなものです。

　つまりマウズーン書体によって、大きさ、幅、長さが計測可能になったのを一歩進めました。その方法は

使用する筆で四角の一点（ヌクタ）をまず書いて、その点の数で長さはもとより傾斜の角度なども定めるというやり方です。そして一つの文字全体は、その点を5〜7ケ並べて計測して記すこととしました。こうしてすべての文字のすべての形態（独立形、語頭形、語尾形、接続形）について、幾何学的な測定が可能になったのです。そうすることにより、書道は完全に分析、伝授可能な技芸として発展し始めたのです。このようにこの書法によると比例によって測定できるということから、総称としてマンスーブ（比例）書体と呼ばれることになりました。

　こうしてやがてアラブ書道の開花の時代を迎えます。それにはまたまた、時代の天才が登場します。一人は、イブン・バウワーブの通称で知られています（1022年没、完名はアブー・アルハサン・アリー・ビン・ヒラール）。彼はイブン・ムクラの書を完璧にマスターすると共に、様々に分化し始めた書体をもう一度整理し直して数書体に纏めました。また書道論も盛んにして、以降数世紀間の手鑑みとなったのでした。

　次いで登場したのが、バグダードの人、ヤークート・ムスタアスィミー（1298年没）です。彼はイブン・ムクラとイブン・バウワーブを熱心に学び、ついには広

大なイスラーム世界で彼を知らない人はいないというまでに雄名を馳せました。また彼は高名な弟子六人を指名し、自らの流儀を皆伝して益々その書法は広まりました。実際このグループは師匠の名前で作品を書くことが許されていたので、今日ムスタアスィミー筆とある作品でも模写や贋作が多数横行しているそうです。[12]

　伝統的にはアラブ書道には、六書体あるとされていますが、それらがすべて出揃い、ヤークート・ムスタスィミーによって更に磨きが掛けられたのでした。彼の挙げた六書体とは、マウズーン書体から生まれたナスヒー書体とスルス書体、古くからある署名用のタウキーウ書体やリカーウ書体、それと流れるようなムハッカク書体、その半分の大きさで流線型のライハーニー書体です。

　ただし後代にはこれとは別の整理も見られます。また一番昔からのクーフィー書体を忘れるわけには行きません。またムハッカク書体とライハーニー書体はオスマーン朝時代にはあまり使われなくなりました。タウキーウ書体とリカーウ書体も同じ運命でした。オシ

---

[12] 紀元1258年、ムスタアスィミーはバグダードにモンゴル軍が攻め入る中、マスジドの光塔の先端に逃げたが、その時も筆を手から離さなかったという伝説が残されている。

マーン朝ではナスヒー書体は大変な人気を博しましたが、総じてすべての書体の基本形と見なされるのは、スルス書体ということになりました。

更に地方的な発展としては、北アフリカとアンダルシアが中心のマグレビー書体があります。これは初期アラビア語文字の形跡を多く止めているものの、書体としてはその後独自の発展を遂げて形成されたものです。ただ実際にはマグレビー書体と見なされるものの中にも、どんどん派生した新書体がその後生まれました。

またオスマーン朝時代には、タウキーウ書体やリカーウ書体から生み出されたとされるディーワーニー書体が発達しました。これは公文書などにも広く使用され、わが国で言うと花押のような印象を与えるのが興味を惹かれます。また事務用に便利なルクア書体も同時代の産物でしたが、これは現在もエジプトなどを中心に普及しています。他方でマスジドの壁などに掲げられる巨大な書体は、ジャリー・ディーワーニー書体と呼ばれますが、巨大化したマスジドに対応した発展と言えます。

なおイランのタアリーク書体もディーワーニー書体に影響を与えたとされますが、15世紀のナアス・タア

リーク書体の発達に直接影響しています。ナアス・タアリーク書体こそはイランの独自な書体として、それはアラブ世界のスルス書体にとって代わるものとなりました。

　既に触れたように書道が立派な職業として成立した背景には、時の支配者の支持・援護があったことはもちろんですが、更にその背景には庶民レベルを含めた広範な支持と熱い関心が寄せられていたことがありました。重要な作品はハリーファの宮廷文庫に収蔵され、ハリーファやスルターンも熱心に書道に励んだことや、また街の書道教室も栄えたことなどが特筆されます。そしてその何れの側面をとっても、中国やわが国における書道の発展と書道熱の高まりにあまりに酷似しいていることに驚かされます。

　そして本書の主題である、アラビア語の歴史と言う観点からしても、書道の繁栄はその固有の芸術美をもってアラビア語の普及とそれに対する絶えざる尊敬の念を維持させたという意義があったと言えるのではないでしょうか。

5．アラビア語拡充の源泉

　クルアーン、預言者伝承、そしてジャーヒリーヤ詩は、アラビア語だけではなく広くアラブ・イスラーム文化の汲み尽くせぬ三大源泉となってきました。そして普通はそれぞれ、クルアーン学、預言者伝承学、アラブ文学あるいは修辞学の範疇で取り上げられます。したがってそれらはアラビア語学の枠をはみ出た課題ということになります。しかしここでそれらについて何も触れないのは、あまりに大魚を逃すにも似た口惜しさが残ります。そこで以下では、言語的な側面にしぼって、これらの三大源泉を概観することにします。

（1）クルアーン

　いずれの預言者も神のメッセージを持って様々な民族に遣わされたのですが、その際その民族に適切な奇跡を起こす能力が与えられていたと言います。そうすることによって人々を驚かせ、印象を深くすることで、常ならぬ能力を証明したのでした。
　ムーサーは杖を蛇にしたというように、魔術に長けていましたが、それは当時魔術がエジプトの人々の間

にもてはやされていたからです。イーサーは人の病を治す医術に長けていましたが、当時は色々の疫病が蔓延していたからです。そしてムハンマドは言葉に重きを置く民族、アラブ人の前に卓越した言語能力を与えられて登場したのでした。

　文盲ながらあのように言葉を操ったこと自体、奇跡だとされます。また啓示は嘘だとするユダヤ人など不信者に、それならば同じような巧みな言葉を持ってくるように預言者は挑戦しましたが、誰一人として真似をすることはできませんでした。これもその奇跡性を語るのに、よく引かれる事柄です。

クルアーンの言葉が奇跡であると評される時には、大体三つの側面に分けて論じられます。それは、一に音声的なすばらしさ、二に修辞的なすばらしさ、最後に表現力のすばらしさです。

　ア．音声的に優れていることは、誰しも聞いて直ちに納得できるところです。特に後代、クルアーンの読誦術は一つの学問（タジュウィード）として発達することによって、その持つ特徴を最大限に引き出すことになります。

　長母音を何拍伸ばすか、一定の子音は母音のないと

きに強調して発音する、また一定の子音が末尾に来たときに次の単語にどのように変化して継続させるかなど、詳細なルールが定められました。もちろんこの学問はクルアーンの読誦方法が時間の経過と共に崩れてしまうことを防ぐ意義もあったことは間違いありません。

　それにしてもこの読誦方法としては7つの仕方が発達して、そのいずれもが正式の読み方として承認されることになりました。公式のクルアーン読誦者はこれらの7つの読み方をマスターしている必要があるわけです。

　クルアーンの音声についてもう一つ注目しておきたい事柄は、クルアーンの文体は韻律を踏んでいる比較的短い文章からなっているということです。これはサジュウと呼ばれ、いわば詩と散文の中間形態ですが、韻律のもたらす美しさと固有の調子が極めて高い効果を発揮しているということです。強いて日本の文学史の中で言えば、漢詩を日本語で読み下したような格調の高い印象を与えるものです。

　また元来は詩とサジュウしかなかったアラブ文学に、やがて散文が生まれてくる土壌にもなりましたが、このテーマは次の章で取り上げることになります。

イ．修辞的に優れている点は、これも細かく百種類以上に分類研究されて、いずれの側面も後のアラブ文学の発達を促しました。事実時間の経過と共に、この分類数は増えてきて、当初は修辞学だったものが後には、「学問の修辞学」になったとさえ皮肉られるほどです。

ともかくも修辞法の主なものは、直喩（マジャーズ、「〜のようだ」と直接に比喩する）、借用（イスティアーラ、「あの男はライオンだ」ではライオンを借りてその勇気を指すようなケース）、類似（タシュビーフ、「不信者のすることは風の前の砂塵のようなものだ」では飛び散って無意味な事柄に似ているとするケース）、そして暗喩（キナーヤ、「〜のようだ」と比較する言葉はなくして比喩されるケース、例えば「ナイルは文明の母である」）などに分けられます。さらには直喩にも、用語から直接に判明するもの（ルガウィー）と、そうではなくて慣用的な意味から判明するもの（アクリー、例えば「アッラーは彼らに話しかけられない」の意味は、「アッラーは彼らに怒っておられる」の意味）に大別されたりします。

もちろん具体例になるとどの範疇に入れるのかを巡って異論が見られ、また上の分類カテゴリーもさら

に細分化されていったのでした。

ウ．最後には表現力のすばらしさです。意味するところをしっかりと伝えるということですから、伝達力と言ってもよいでしょう。

表現力に関しては、まず預言者ムハンマド自身の声がきれいであったこと、彼はいつもあまり口数が多くなく必要な言葉を選んで語るのが常であったこと、クルアーンには当時のアラブ諸部族40以上の用語や表現法が取り入れられているが、ムハンマドの出身であるクライシュ族の言葉が一番豊かで柔軟性に富んでいたことなどが、アラブ人の間でよく言及されます。

この様な事柄を背景として、クルアーンの言語的な伝達力の要点は次のようになります。高邁さに溢れ、それでいて不自然さも奇異をてらったところもなく、理解は容易で、不要な繰り返しはなく、誠実さと説得力に満ち、急がずのんびりせず、バランスがとれて美しく、発音は難しくなく、意味を的確に伝える、などなど様々に形容され、また称賛されてきました。

しかしそれらすべての美点の中心は、必要十分なだけの意味内容を巧みに伝達しつつも、簡潔な表現であるという点にまとめられそうです。預言者ムハンマド

は「礼拝は長くして、言葉は短くするように」と教えたとも言われますが、むしろそれは聖クルアーンの反映だった面もあったのでしょう。

　短くて韻律を踏んでいる聖クルアーンの文言を聞いて、不信者たちが一斉に非難した言いがかりは、預言者ムハンマドは啓示をもたらしているのではなく、詩人でしかないと言うことでした。聖クルアーンにはこの点について、かなりはっきりしたやり取りが読み取れます。

　「われ（アッラー自身）はかれ（ムハンマド）に詩を教えなかった。それはかれに相応しくない。」（ヤー・スィーン章69）

　「本当にこれは、尊貴な使徒の言葉である。これは詩人のことばではない。」（真実章40－41）

　最後に表現法として、イスラームの真髄であるアッラーに関する描写がクルアーンでどのように行われているかを、見ておくことにしましょう。種々ありますが、以下はアッラー表現の一番長い部分で、玉座の節、とも称されるところです。

「アッラー、かれの外に神はなく、永生に自存される御方。仮眠も熟睡も、かれを捉えることはできない。天にあり地にあるすべてのものは、かれのものである。かれの許しなしに、誰がかれの御許で執り成すことができようか。かれは以前のことも以後のことも知っておられる。かれの御意に適ったことの外、かれらはかれの御知識について、何も会得するところはないのである。かれの玉座は、すべての天と地を覆って広がり、この二つを守って、疲れも覚えられない。かれは至高にして至大であられる。」(雌牛章255)

あらゆる人間世界の修飾をもってしても、アッラーを描ききることは難しい中での表現法として、改めて読む価値はあると思われます。

(2) 預言者伝承

クルアーンと異なり、預言者伝承は預言者ムハンマド自身の言葉として伝えられてきたものです。いずれもアラビア語として最大で最良の源泉であることは、不動で誰も疑いようのない事実です。それだけに、これら両者を比較研究することは、古来よりアラブ・ム

スリム学者の好んだテーマの一つでした。

　しかし双方の原点が異なっているように、言語的にもかなり峻別される特徴を持っているというのが、その結論です。それだけ預言者伝承の固有の意義もあるということになるのでしょう。

　預言者ムハンマドのアラビア語の優秀さは、三つに分けて説明されます。一は、その話法、二は、その意味合い、三は、その様式や文体という諸点です。

　一の話法については、預言者の口数は少なく選んで効果的な表現を用いた、緩やかに話してしばしば三回繰り返すことでよく意味が伝わるようにした、身振りや手振りも巧みであったことなどが上げられます。また相手の方言を用いるのに巧みでもあったようです。

　二の意味上の諸点としては、深さ、豊かさ、新鮮さ、直截さ、調和、連続、心理の読みの的確さ、特定の民族に限られない陳述などの特徴が挙げられます。そしてこれら多くの美点を、簡潔な表現法と少ない言葉数で実現しているところも重視されます。

　ほんの一例ですが、「言え、アッラーを信じると。それで正しく生きろ。（クル、アーマント・ビッラー、スンマ・（イ）スタキム）」信仰と正しい生活は古来よりセム民族の二大テーマですが、この深い含蓄を一行で

示しています。

　最後には、預言者伝承の様式や文体という点です。上に見た修辞法も含めて、この点についても以下のように細分化されます。

- 音楽的な調子に満ちている（韻律文体も使用）
- 描写の巧みさ – 小話の活用、修辞法（直喩、借用、類似、暗喩、擬人化など）の活用など
- 表現の明澄さ。無明時代に見られた持って回った言い方や呪術的な韻律文を脱して、新たに意味が鮮明な文体を確立した。
- 対話形式を随所に活用 – 急に質問を出す、人を驚かす話から始める、など対話を惹起するいくつかの手法を使用。
- 固有な言い回し方（例：「煙の中の休戦」で、隠された偽りや腐敗を意味した）
- 正確で木目の細かい表現（例：「すべての谷の底を夜が埋め尽くしたならば」とは、夜の礼拝時間を問われた時の答え方）

（3）ジャーヒリーヤ詩

　異なる部族間の詩作の競争も定期的に行われ、優秀な作品は金で書かれてカアバ聖殿に掲げられ称えられたほどですから、無明時代の文化の真髄はいわゆるジャーヒリーヤ詩にあるといっても過言ではないでしょう。

　その多くは三部構成の長篇でしたが、後代にはジャーヒリーヤ詩といえば、詩一般の代名詞にもなったくらいです。そしてその水脈はイスラームの時代に入っても、豊かに流れ続けました。

　その原因としては砂漠生活が最も清純であるという郷愁もあり、その生活を懐かしむ面もありました。また愛情や憎しみなどの人の感情表白も、最も純粋であり、アラブ、非アラブを問わず聞く人の心を捉え続けた面もあったでしょう。日本の万葉集時代にも譬えられるかもしれません。

　しかしここでは、ジャーヒリーヤ詩のアラビア語の古典としての役割に絞って一瞥します。

　まずそれは、砂漠のベルベル族のアラビア語に対して元々あった敬意と憧憬の一つの大きな原動力となりました。文法学者であり辞書編纂者たちは、原初の豊

かなアラビア語を求めてベルベルを訪ね歩いたのでした。ジャーヒリーヤ詩はその際のいわば羅針盤であり、強力な触媒の役割を果たしたわけです。

　次に、多数あるジャーヒリーヤ詩には、英雄アンタラ他の武勇、遊牧生活、動物、古戦場などのテーマごとの分類もあれば、あるいは知恵、愛情、称賛、誇り、後悔、皮肉、謝辞などの心の諸側面に分けて整理する場合もあります。そしてこの様な諸分野に整理されるという事実は、これらのカテゴリーでアラブ文学を開拓し定着させたことにもなり、同時にそれらのカテゴリーにおけるアラビア語としての語彙や表現力を増強していたことにもなります。

　最後に修辞法についてはすでに見てきましたが、ジャーヒリーヤ詩でもほぼ同様な種類が見出され、さらには詩の韻律研究の進展は、その後のウマイヤ朝やアッバース朝、あるいはアンダルシア地方におけるアラブ詩の全盛時代へと導きました。そしてこれらの全盛期の詩作は、さらに独特な装飾様式を生み出しましたが、時代の流れは内容的にも形式的にも新規な工夫よりは、模倣を持って尊としとするようになってしまったのでした。これを裏返せば、当初の詩文学が最頂点を極めたことの反証であったとも言えましょう。

6．アラビア語文化の開花
－　詩・韻律文そして散文

　前章で見たジャーヒリーヤ詩を原点にして、詩の文化はその後も発展しました。そしてウマイヤ朝詩からアッバース朝詩へと展開し、その後の模倣主義による一時的停滞は見られたものの、現代に至るも文化生活の一翼を担う不可欠なジャンルとして愛好され、尊敬され、そして小さな子供にも継承されています。

　他方、韻律文は使用される分野が限られ、その後の発展はあまり見られない形式となりましたが、それは今でも金曜日の説教の中などで活用されます。ただし言うまでもなくクルアーンと預言者伝承には日々、刻々と接するのが普通ですから、使用されないとか日常生活から遠くなったということではありません。

　この間を縫って、新たに登場したのが散文（ナスル）と言われる形式です。そして前章と同様、これらの諸側面はアラブ文学で扱われるのが通常であり、言葉の用法の問題は狭い意味のアラビア語学の範囲を出てしまいます。しかしそれを素通りするのも口惜しいものが残るので、ここではやはり、この興味深い進展について概観だけはしておきたいと思います。

イスラームの発展に伴い、アラビア語を活用する桧舞台が増大したとも言えます。すでに見たとおり、アラビア語の文法、辞書の編纂などが進められましたが、同時にイスラームの最初の３世紀間にはクルアーン解釈、預言者伝承の編纂などの基礎作業の他、イスラームの４大法学派もすべて成立していました。

　この様な流れの中で、新たな散文体はほぼ当初の８世紀中葉までの、一世紀の間に確立されました。

　またそれと関連する事業として、主としてギリシア文献のアラビア語への翻訳を促進するため、９世紀に入ってから国立の「知恵の館」がハリーファの命によりバグダードに設けられました。

（１）散文の成立

　韻律を伴う短い文体であるサジュウ体のクルアーンやジャーヒリーヤ詩がアラビア語の源泉であるとしても、イスラームの初期よりそれら以外のアラビア語の形式が活躍の場を獲得し始めていました。

　まず何と言っても預言者ムハンマドの言行を伝える伝承（ハディース）ですが、これは現代アラビア語よりは一文ずつで見ると短い傾向にありますが、その相

当数はもはやサジュウ体でも詩歌でもありませんでした。

ハディースの収集はウマイヤ朝の初代ハリーファ・ムアーウイヤ（在位660-680年）も熱心でした。またそれ以外のイスラームの書き物と言えば、イスラーム法やクルアーン解釈なども盛んに産声を上げつつありました。

またイスラームの勝利を伝える多くの戦記（アルアイヤーム、マジャーズィー）や、散文体に直結はしませんが、民間の韻律を踏んだ謡いの類（ザジャルやムワッシャハート）も各地でもてはやされました。これらも新たな需要に対応した発展でした。

さらに散文体発展と直結して重視されるのは、書簡の類です。特にハリーファは各地の状況を知り、また過去の様々な事例から教訓を得ようとして、部下にそれらの報告書を出させたのです。これらの諸例は現在も多数残されていますが、同時にそれらは散文体発展の具体的な事跡を証拠立ててもいます。『千夜一夜物語』の最初の場面も、そのようなハリーファ宛の書簡が読み上げられるところから始まっていることが思い出されるでしょうか。

ハリーファは政治指導者であると同時に宗教上の指

導者でした。したがって書簡類の相当数は、当時拡大されたイスラーム地域の非ムスリムとのやり取りや、増幅された諸分派とのやり取りを内容とするものでした。そして当時の文体の特徴としては、非常に簡素で簡潔な表現が顕著だったのでした。

一例として、ヒジュラ暦第1世紀の後半、ウマイヤ朝初期の文例を見てみましょう。ハワーリジュ派という神学上の一派についてのハリーファへの報告書簡は、「彼らについて予測するのは、三つに一つ。酷い死か、苦しい飢えか、内部分裂か。」といったものでした。[13]

こういった調子でしたから、書簡のやり取りを見ると、あたかも詩吟で相手方と対話しているような風情が伺われるものもありました。

ただし注目されるのは、当時の書簡ではすでに現在とほぼ同様な書式ができ上がっていたということです。つまりまず、アッラーの名を唱え、差出人と宛名を明記し、ついで相手への平安とアッラーの慈悲を請う、そしてその後、拝啓（アンマー・バアド）と入る、という形式です。

ウマイヤ朝時代における散文の生みの親とされるの

---

[13] ムハンマド・フトーフ・アフマド『ウマイヤ朝時代における散文』、カイロ、1984年。第136ページ。

は、サーリム・ビン・アブド・アッラーと呼ばれる人です。彼はヒジュラ暦1世紀前半から後半に生きていたようですが、詳細は判明しません。時のハリーファ・オマル2世（在位717-720）に助言を求められるほどによく知られ、彼の散文によってその様式の存在が定着し、また次の時代に散文を開花させたイブン・アルムカッファウの師範でもありました。

その書簡の一例を見てみましょう。簡潔かつスムーズな書き振りで、相手と自分双方にとってアッラーが更なる幸せをもたらしてくれるように巧みに祈願しています。

「拝啓、
あなたが私に寄せられた事柄に多謝。そしてあなたに私について残された事柄（記憶や印象）が良いものであるように願う。この私のあなたについての願いは、アッラーが将来、あなたの感謝に対してされるように。そしてあなたが私に寄せられた事柄は、あなたに対する希望の端緒とアッラーがされるように。」[14]

---

[14] アリー・シャラック『アラビア語散文発達の諸段階』、ベイルート、1991年。第1巻、第260ページ。

サーリム・ビン・アブド・アッラーはアラビア語、ペルシア語、ギリシア語、シリア語などができたそうで、アレキサンダー大王に宛てられたアリストテレスの勧告書をアラビア語に翻訳したものが、ホラーサーン征服記にも残されています。しかし一般には多くの作品は伝えられていません。

(2) 散文の発展

アッバース朝の8世紀半ばになると、散文体で著名な作品が数多く出されました。

ハリーファの求めに応じてアブド・アッラー・ビン・アルムカッファ（759年没）が有名なペルシアの動物物語『カリーラ・ワ・ディムナ』をアラビア語に翻訳し、また統治者指南の書を認めました。彼自身ペルシア人だったのですが、その文体は「容易にして近づき難い」と形容されました。

またムハンマド・イブン・イスハーク（767年没）がハリーファの子弟教育のための歴史書を散文でまとめたりすることがありました。

これら一連の動きの中でも後代にも多大な影響力を発揮し、そのため散文体の確立者として知られるのは、

アッバース朝ハリーファ・マルワーン2世（在位744-750年）の書記官であったアブド・アルハミード・ビン・ヤハヤー（750年、ハリーファと一緒にエジプトで殺害されたとされる）です。彼の文章は多くの頌歌も含み、修辞と美辞麗句に富んで、リズムを尊ぶ古典的美文調の典型となりました。

　このアブド・アルハミードがハリーファ・アルマルワーン2世と共にパレスチナにおいてアッバース朝の軍隊に敗戦した時に記した、知人への書簡の一部を引用して、その文体を偲ぶことにしましょう。日本語を通しても、原文の調子が伝わってくるかと思います。

「拝啓、
高貴なアッラーはこの世を嫌悪と喜びで満たされた。そしてその中に、様々な部分を造られた。人によっては甘く、幸運で、安心でき、嘉し、安住できる。また人によっては、賊に会い、牙を向けられ、つらいのでそれから逃れようとし、それを非難し怒りを覚え、それが増えないよう訴える。・・・だからわれわれの土地は空（ナーズィハ）になり、われわれの鳥は去って（バーリハ）しまう。そして与えられた（ウウティヤット）ものをすべて取って（アハザット）行き、近づい

た時のように遠ざかる。楽の後の苦難、幸せの後の不安、安寧の後の恐怖、誇りの後の屈辱、新生の後の欠乏、喜びの後の悲痛、生の後の死。恵みを望んだ者には恵みを与えず、戻ることのない人の道にわれわれを導き、従うべき人からは遠ざかり、愛する人との関係は断たれる。」[15]

この後、アルジャーヒズ（780-869年）、ムハンマド・ビン・アルアミード（911-970年）、アブー・アルアラーィ・アルマアッリー（973-1057年）、バディーウ・アッザマン・アルハマザーニー（968-1007年）などが、それぞれ一世を風靡し、描写力、洒脱さ、哲学的含蓄、華麗さを競いました。そしてアラビア語散文の世界を押し広げて、開花させたのでした。

（3）「知恵の館」の設立

一方、830年、アッバース朝ハリーファ・アルマアムーンの命により主としてギリシア・ラテン語からの翻訳事業を進めるために、「知恵の館」（ベイト・アルヒクマ）

---

[15] 同掲書、第1巻、第280ページ。

がバグダードに設立されました。これはイスラームの下での初の学問所でもあったのですが、図書館はもちろん天文台なども設けられました。そして引力の法則を見出し、また地球の経緯度も計測されていたそうです。「知恵の館」は、1258年、モンゴル軍がバグダードを陥落させるまで存続しました。

　さてアラビア語との関係に絞って見てみましょう。

　それまでは訳語を作る方法としてはギリシア語の音をアラビア文字表記しただけのものから、アラビア語としての派生形を利用して翻訳語を作り出したものなど様々でした。また既存のアラビア語を当てはめるとしても、それまでは同一用語について様々な訳語が当てられ、例えば「仮定」について、「判断」フクム、「情報」ハバル、「課題」カディーヤなどが混在していたのを、最後のカディーヤに統一しました。

　当時考案された方法で有効だったのは、特定の派生をさせて一定の分野の翻訳を組織的に進めたものです。例えば病気の関係では第2子音にアーという長母音を付ける形で、「風邪」ズカーム、「頭痛」スダーウなどが創出されました。

　この翻訳事業を通じて、アラビア語散文体として既に触れた美文調とは異なるスタイルのものが提供され

たことにも独自の意義がありました。

　「知恵の館」でギリシア語からプラトン、アリストテレスなどを翻訳して名を知られたのは、フナイン・ビン・イスハーク（873年没）でした。彼はイラク生まれのキリスト教徒でしたが、アラビア語、ペルシア語、シリア語、そしてギリシア語に長けており、また物理学、論理学、天文学などを学び、特に医学分野で雄名を馳せました。彼の文体は多分にギリシア語のそれに影響されて分詞で導く文章が相当あり、硬いくらいの調子はいわばビジネス風で、美文風を排したものでした。

7．アラビア語の地域的拡大

　アラビア語の勢いは、それ自身の持つ言語としての適応力や柔軟性、そして美しさや表現力と言った側面に加えて、他言語との切磋琢磨の凌ぎ合いに勝利を収めたという側面でも見逃せません。その意味で、時間的には上記の各章と相前後しますが、アラビア語が拡大過程を辿った様子を顧みることにします。

　拡大の過程をまずは地域的な拡大、次いでは言葉としていわばその単位である語彙の拡大という側面に分けてみてゆきます。

　地域的に見ると、現在のトルコ語圏の小アジアや中央アジア諸国、あるいはイラン、インド亜大陸、インドネシア、マレイシア、さらに細かくは北アフリカのベルベル語地域やイラク北部のクルドゥー語地域ではイスラーム化はしましたが、アラブ人の移住とそれに基づく混交が多くは見られなかったのでアラビア語化はしませんでした。また特筆されるのはアンダルシアで、そこでは一旦はアラビア語化したものの、15世紀末にスペインによるイベリア半島奪還によりその終焉を見ました。

（１）拡大前

ア．シリア・レバノン・パレスチナ地域

　一番普及していたのは、アラム語、あるいはそれが東方キリスト教の言葉としてはシリア語と呼ばれた言葉でした。そうしてアラビア半島の遊牧民が貿易のために北上し、その存在感は増大していました。預言者ムハンマド自身がそのような隊商に加わり、ダマスカス近郊まで来たこともあるということです。この様な接触により、中にはアラム語・アラビア語の両方を話す人たちを生み出したりして、同地域でのアラビア語の受容を助ける基盤を作ったと考えられます。

　ヘブライ語はユダヤ人に限られていました。ビザンツ帝国の支配の下で用いられたギリシア語も同様で、都市部の外国人の言葉に過ぎませんでした。

イ．イラク地域

　いわゆるメソポタミアの地は言語的には常に坩堝のような地歩を占めてきました。政治的にはササーン朝ペルシアの下で、当時のペルシア語であるパハラヴィー

語が支配的だったといえるでしょう。しかしその西部方面はシリア地域からの流れでアラム語が通用し、また現在に至るもユダヤ人は少なくありません。しかしこれらのいずれもが、都市生活者や近郊の農民であったことが共通点です。

　アラブの遊牧民がシリア同様貿易や食糧確保のためにしきりに北上してきていました。やはりアラビア語は徐々に事実上浸透し続けていたと言えましょう。

ウ．エジプト

　人口の大半はナイル川沿いの農民でしたが、同時に各地の都市生活者や、ナイルの東側の砂漠地帯やシナイ半島に住んでいた人たちがいました。主要な言語はコプト教の言葉であるコプト語であったといえますが、同時にギリシア語も行政や商業用語としてまだまだ力を持っていました。そして名目的にはビザンツ帝国の支配が及んでいました。

　しかしアラビア半島から紅海を超えてくるアラブ人の浸透は、イスラーム以前から始まっていたことが確認されています。早くは紀元前後から始まっていたということがギリシアの史書に出てくるそうです。

エ．北アフリカ

　この地域もビザンツ帝国の領土ではあったのですが、文化的な影響力は非常に薄かったといえます。地理的には海岸沿いのほんの一部に影響があったとしても、ほとんどの土地はその後背地に当たる砂漠と山岳地帯だったからです。

　それらの荒涼たる地帯の主役は、いわゆるベルベルの民です。彼らの言葉は総称してベルベル語と呼ばれていますが、これが現在まで強い力を持っています。リビア、チュニジア、アルジェリア、モロッコの全人口の30~40%が未だにベルベル語を話しているようです。ただしあくまで総称としてのベルベル語であり、彼らの言葉は各地方によってかなりのばらつきがあるのが実態で、詳細はこれからの調査を待たなければなりません。

　さてアラビア語の浸透に戻りますと、イスラーム以前にはほとんど入って来ていなかった地域になります。所々ではラテン語が残っていました。

オ．アンダルシア

現在のイベリア半島はアラビア語でアルアンダルースと呼ばれて、独特の文化によってアラブ文化全体にも貢献の大きかった地域です。イスラーム以前には、ローマ帝国の残滓のように、ラテン諸語が流布していました。それらはやがてスペイン語、ポルトガル語、フランス語、イタリア語などに発展するものでした。
　そしてイスラーム以前には、もちろんアラビア語の浸透は全くなかった地域です。

（2）拡大後

　アラブ支配の地域が急速に拡大するのに伴うアラビア語の各地への進出ぶりはどのようなプロセスを辿ったのでしょうか。その詳細は明らかにされていません。ただおよそのところ次のようであったと考えられます。

ア．シリア・レバノン・パレスチナ地域

　シリアやパレスチナ地域のアラム語やギリシア語の使用者は数百万人に上ったのに比べて、アラビア半島からの移住者の数は限られており、8世紀初めごろには数万人規模であったと見られます。このように圧倒的

に数の力は、アラム語にありました。さらには地理的にも、アラビア語は行政と商業の用語として都市部が中心でした。

　ただしアラブの征服に伴って、アレッポ、ホムス、ダマスカス、エルサレムといった主要都市ではかなりの住人が、避難のために他へ移り住んだので、その分アラビア語の浸透は容易になりました。なお近郊農村地域の住人は、大半職業的にも経済的にもそれほど移動は自由でなく、引き続き生活を維持することとなりました。

　なお以上のプロセスで注意しておきたいのは、一つはかなりの時間と地域においてアラビア語とアラム語は併用されていたであろうということです。二者択一の白か黒と言った鮮明な切り替えの現象ではなかったということです。二つには、都市部の教養ある階層は別として、大半の人たちにとってアラビア語は基本的に話し言葉である時代が長かったということです。そんな中、ウマイヤ朝ハリーファ・アブド・アルマリクが7世紀末に、アラビア語を国の公用語とする決定を下したことは、大きな進展でした。

イ．イラク地域

今日のイラクで言えばアラブ征服の動きやアラビア語の浸透プロセスに直接関係するのは、その中央部と南部です。北部や東部の山岳あるいは砂漠地域は、イスラーム化した後も、クルド語地域としてその勢いは今日まで続いています。

　アラビア語の浸透は都市部中心で、緩やかなプロセスであったことはシリア地域と同様でした。ただしアラビア半島からのアラブ人の移住は、新興都市のバスラやクーファを拠点に、より速やかにまた大規模に進められた点は異なります。

　また古代ペルシア語であるパハレヴィー語は、イラク南部の都市マダーインなどで行政用語として、また広くはアラム語が使用されていました。しかし行政用語は比較的早期にアラビア語に切り替えられました。そしてアラム語とパハレヴィー語などを含めての広域語としてアラビア語の役割が見出された面があったと思われます。

ウ．エジプト

　エジプトへの半島からのアラブ人移住者の数は、当初一世紀ほどは、せいぜい数万人の規模だったと推測

されます。それは新たに建造されたフスタートやアレキサンドリアの街を中心とした支配的な階層に限られていました。全体的にはその百倍もの数のコプト語使用者に囲まれていたので、自然とアラビア語の浸透も時間がかかりました。

　しかし9世紀から12世紀という時間をかけて、イスラームへの改宗が進み、半島からの移住者の数が増えるに伴い、全土にわたりアラビア語も本格的に普及するようになったのです。

　13世紀には、コプト語の辞書や文法が急に編纂され始めたそうですが、それは恐らくコプト語使用者の自衛的な意識が働いたのでしょう。そしてコプト語はその後も死滅することはなく、地方の農村では今日でも教会用語だけではなく使用されています。

エ．北アフリカ

　この地域は地理的に広がり、政治的にも独立した存在であったベルベル族が闊歩していたので、アラビア語の浸透やイスラームの普及は以上のアラブの中心地域よりは一層時間がかかりました。またベルベル族に至っては、現在も固有の力を保っており、中央政府も

それを無理に統制しようとはしない存在を保っています。

それでも11世紀半ば以降、エジプトのシーア派ファーティマ朝から逃れることもあり、アラビア語使用の人達が遊牧民となって流入し始めました。それがモロッコにも達したのは、13世紀に入ってからでした。この動向がようやくベルベル語を少しずつ駆逐し始めたのでした。

オ．アンダルシア

711年、司令官ジャバル・アッターリクが海峡を渡って以来、1492年グラナダが陥落するまでアラビア語の時代が続きました。その間、アンダルシアの土地におけるアラビア語の浸透は、アラブの征服、イスラームの普及、さらには後ウマイヤ朝などアラブ支配のもたらす文明への憧れと言った諸事情が混ざり合って、進行しました。

征服当初、古代ラテン語は勢いを失い、その地方語への過程が徐々に始まっていたラテン諸語と言われる段階でした。ですからアラビア語はアンダルシアでは、上に見たベルベル語のような手ごわい相手は見出さな

かったといえるでしょう。

　いわば強くて先進の文明を担うものとして、アラビア語は浸透したのでした。多数のキリスト教徒はイスラームに改宗するか（モリスコと呼ばれた）、キリスト教徒であっても競ってアラビア語を学んだ（モサラベと呼ばれた）といわれます。グラナダ陥落後も 17 世紀に彼らが追放されるまでアラビア語の使用は続けられました。それだけに現代スペイン語やポルトガル語にも色濃くアラビア語が影響を与えています。[16]

（3）口語の分化

ア．口語は「腐敗」？

　イスラーム初期の頃からアラビア半島の中だけでも、海岸沿いのヒジャーズ地方と内陸部のネジド地方など各地で異なった口語、すなわち方言があったと想定されています。その例の一つが、ネジド地方ではハムザの音をしっかり出す、あるいはヒジャーズ地方ではカーフの音をガの音で発音するので、コーヒーの意味のカ

---
[16] 拙稿「イベリア半島におけるアラブ語」、『日本ポルトガル学会年報』、1998 年。第 8-11 ページ。

フワがガフワとなるなどです。その詳細な分析整理だけでも、大変な作業量です。

　それがアラブ支配の拡大に伴って、宇宙のビッグ・バンのように各地に飛び散って急速な拡張をする様を具体的に把握できるとしたら、どんなにダイナミックな物語ができ上がることでしょう。しかしその全貌はおそらくもう二度と人の知覚で捉えられないものとなってしまったのでしょう。今となってはいくつかの断片情報の寄せ集めと、時代は遥かに下って現代に飛んで、各地の現状を調べることしか考えられません。

　この様に多様化する力を秘めている反面、他方でアラビア語は優れて統一された文語重視の言語でもあります。それは一言で言ってクルアーンの持つ精神的な重みのためです。それを補充してきたのが預言者伝承やジャーヒリーヤ詩の文学でした。

　アラビア語に関するアラブ人の認識の典型的な表現は、歴史家イブン・ハルドゥーンの記したところに現れています。つまりアラビア語の元祖は半島の遊牧民ベドウィンの話す言葉であり、それはジャーヒリーヤ詩に記されているとします。その当時には原則的には、口語と文語の乖離はないと考えるのです。またクルアーンのアラビア語は神が啓示を降ろすのに選ばれたもの

として、あらゆる人間的な評価を超越したものであると考えます。

そこで後代の各地方のいわゆる方言は間違いに満ちており、純粋で正統なアラビア語の立場からすると言葉の腐敗であると考えます。また様々な用語が塵（ハルラーフィーシュ）のように混入してきたと言います。そして以上のような認識や発想はアラブ世界では圧倒的に支持されてきました。

以上の伝統的な見地はさておいて、欧米だけではなくアラブ人研究者の間でも、最近はもっと現実を直視する見地も好んで取り上げるようになってきました。それは端的に言えば、口語の研究の進展という形で現れています。

例えばアラビア語の各地への拡張により出てきた比較的共通した変化は、名詞の格や動詞の法の別による語尾変化が省略化され、あるいは摩滅し劣化したということです。ただしそれを一概に腐敗とは呼ばずに、現実の現象として正面から取り上げるということです。また各地の固有の単語や術語が口語に入ってくるケースについても同様に、除去すべき対象としてだけ低く見るわけではありません。

7世紀から11世紀ごろまでは、純粋なアラビア語を

捜し求めてしきりに半島のベドウィンの言葉を調べる作業が行われました。そのかなりの部分はこの名詞と動詞の語尾変化の様子を調査、確認し、また様々な新たな単語の収集を作業目的としていました。そしてほぼ10世紀までには、文語を実際に話し言葉として用いることは、宗教など限定された場面を除いては、ほとんど日常生活からは消えうせたと見られます。その傍証として10世紀末には、各地の方言集などが編纂され始めたことが挙げられます。

　以下では各地の主要な方言の諸特徴を概観したいと思います。本来はこの概観は、各地を横軸とすれば、時間を縦軸とするような二次元、さらには社会階層別のような軸を入れれば三次元の分析、整理が求められます。それは理想ですが、ここの趣旨はその序説の序のようなもので、基本的に一次元です。主として現在の方言の諸特徴を総覧しつつ、随所にそのほかの軸に基づく観察も盛りこめれば幸いです。

　また諸特徴と言っても、主には音声と語頭ならびに語尾変化の形態的な側面からの観察です。日本語で言うと、訛りに当たります。言い換えれば、用語、慣用表現の違いなどの言語文化の面の広範な世界は、ここでは取り上げていないことをお断りします。

イ．アラビア半島

　アラビア語生誕の地であり生育の揺り籠となった土地ですが、残された資料の少なさからその口語の実態を過去に遡ることはかなり難しい作業になっています。他地域と比べて、半島の共通した特徴の一つは定住民と遊牧民の交流は頻繁で、その間の違いはほとんどないことです。

　半島の特徴の最大のものは、形容詞であれ他の品詞であれ名詞を修飾し限定する言葉の前に、インと言う語尾がつけられることです。例えば、大きな男、ラジュリン・カビール、彼からの手紙、ヒタービン・ミンフ、と言った調子です。これは古典語の格変化を示すタンウィーンの名残であることは確かですが、その機能は全く格変化とは関係なくなってしまいました。それは単にその名詞が不定形であることを示すだけで、しかも常に音としてはインです。

　現状としては、アラビア半島はさらに主として次の四つの地域に分けられます。

・　北東部　−　これはクエイト、バハレーン他湾岸諸国、イラク、さらにはヨルダンなどのベドウィンも

含みます。q、k、gの破裂音ははっきり出されます。そしてシーア派とスンナ派の識別も相当可能です。他方バハレーンの首都アルマナーマではスンナ派ベドウィンの発音でqをgとして発音し、村ではそれは喉でとめる無声の呼気として出されるだけですから、これについては地区による識別が見られるわけです。このように北東部とは言っても、非常に複雑に入り組んだ線引きが要求されます。

- 北西部 － これはシナイ半島、ヨルダン南部を含みます。この地域については下記のエジプト方言のところで改めて見てみます。
- 南西部 － イエメン、ハドラマウートを含み、さらに6方言に細分されることもあります。南西部を南北に縦断する山岳地域では動詞活用上、tの語末子音をkに変えているところも見られます。つまり、私は書いた、カタブクとして、カタブトゥとは言わない、などです。これはイスラーム以前この地域に入ったアラビア語の特徴が残っていると見られます。
- 半島西部（ヒジャーズ）地方 － 重要なマッカ、アルマディーナ両市を含みますが、これら地方の都市部と砂漠地域の言葉の関係はまだ十分には解明さ

れていません。マッカ住民もベドゥインも共通しているのは、破裂音のkとqがないことで、さらにqはgとして発音されます。しかしマッカでは、現在進行形動詞の前にアンマールという接辞を用いたり、未来形動詞の前にラーィフという動詞ラーハの現在分詞を挿入したりする特徴があります。これらはベドゥインにはない特徴点です。

ウ．シリア・レバノン地域

　この地域では都市部と砂漠地帯のベドゥインでははっきりした違いが見られます。都市部では、qの破裂音は喉から出る無声の呼気として発音され、また第2人称と第3人称の複数形代名詞や動詞の複数活用形では男女の性別がなくなるなどの特徴があります。しかしヨルダンの都市部では、qはgとして発音されるベドゥインの特徴を引き継いでいることが多いなど、混交状態も見られます。
　またこの地域のいずれにも共通した点として動詞現在形の頭に、bの音が入る特徴があります。それがレバノンでは、ビの音に、シリアではバの音になります。私は書く（正則語ではアクトブ）がビクトブ、あるいは、

バクトブになるということです。

　別の特徴は、現在進行形動詞の前にアムと言う接辞が入ることや、近い未来形動詞にはラーハい言う動詞、あるいはそれが縮まってハ・・・が入ることがあります。これらはアラビア半島のヒジャーズ地方の特徴として上に見たところと、酷似していると言えましょう。

　なおこの地域は主に3地方に分けられますが、その特徴点の違いはあまり大きくありません。

- レバノン、シリア中央部。サイプラスのマロン教徒は前者に、ドルーズ教徒は後者に分類されます。一つの特徴は、語尾の母音がなまることで、アもイもエとなる傾向があります。また北レバノンでは三語根中央の音節の母音は省かれがちです。両方の特徴を一度に見るとこうなります。魚、サマカは、南レバノンではサマケ、北レバノンではサムケと言った調子です。いずれにしてもベイルート市内だけでも60の方言に分かれるといわれますから、とても本書のカバーできる範囲ではありません。
- シリア北部でアレッポなどが中心。長母音の後の音節のイの音は、エになまります。学生、ターリブが、ターレブ、舌、リサーンはリセーンになるわけです。

- パレスチナとヨルダンなど。ここでは多くの場合、動詞現在形の頭のbの音が入ると共に、qの音はgとなりますから、私はいう（アクール）はバグールとなります。レバノン・シリア方言とベドウィンの完全なミックスになるわけです。

エ．メソポタミア地域

　この地域のアラビア語は、半島から主として二次に渡る移住の波によってもたらされたものと考えられています。第一次は一番初期のもので、バスラやクーファと言った軍事基地となった諸都市を中心にもたらされたものです。その後は8世紀以降のアッバース朝下において、バグダードの発展に伴う継続的な移住の波がありました。しかしそれら両者の相違点は、あまり詳しくは語られていません。

　今ひとつの分布図としては、ベドウィンの発音がイラク北部・中央部の都市部や砂漠地域全体とイラク南部の都市部にも入っており、それはムスリムの居住地域と重なっているという事実があります。他方非ムスリムの間では、その後のベドウィンの波の影響をあまり受けずに、アッバース朝以来の古いパターンがその

まま温存されてきている傾向が濃厚だと考えられています。

　この場合の一つの分岐点としては、qの音が後代ではgの音になっているのですが、非ムスリムはqの音を温存しているということが挙げられます。またムスリムの間では、二つの子音が続く場合に、その間に母音のイカウを挿入する傾向が強いことも指摘されます。ですから、kはkuもしくは、kiと言う音節になるので、犬kalbは、kalibとなる具合です。さらにベドウィンの間では、弱動詞の複数語尾が普通の動詞の複数語尾にも浸透しているケースが観察されています。彼らは泣いた、バカウのようになってしまって、彼らは殴った、ダラブーではなくて、ダラバウと語尾が変化するのです。

　以上は本当に平易な例示に過ぎず、ほかにも実に種々の仕分け方があり、イラクは言語的には様々な種類の言葉の溶鉱炉のようであるとも形容されます。

オ．エジプト地域

　エジプトは映画生産力がアラブ世界では抜群に強かったことも手伝って、アラブ世界にエジプト方言が

広く流通することになりました。そしてそれは非常に濃厚な方言でもあり、一言聞くだけで誰しもその特徴を聞き分けることができると言えるでしょう。

エジプト方言に共通しているのは、アクセントの置かれない音節の母音でイとウはしばしば省かれることや、長母音アー、イー、ウー、エー、オーの4種類があるが、アクセントが置かれないときは短母音になる傾向が強いことなどがあります。

また疑問符は普通文頭に来るのが、文末に来る現象があります。あなたは誰、アンタ・ミーン、となり、ミーン・アンタではないということです。

指示代名詞が名詞の後に付けられることも特徴の一つです。今日、アンナハールダ、となり、指示代名詞のダ（ハーザー）は後ろに置かれます。また、この学校、アルマドラサディ、となり、アルマドラサの後ろに女性形指示代名詞のディが置かれます。

さてエジプト方言は4つの地域に沿って、細分化されます。

- 地中海岸方面（デルタ） －　これもさらに東側と西側に二分され、東側では一人称単数現在形に複数形が用いられるのが特徴です。私は書く、アクトブが

ナクトブ（さらになまってニクティブ）となるのです。この形は広くマグレブまで移民たちが運ぶことになりました。
- カイロ市内
- 中央エジプト地域（ギザからアッシュートまで）
- 上エジプト地域（アッシュート以南）

エジプト人は最後の二つをまとめて、上部エジプト（サイーディー）と呼ぶ場合が多いのですが、カイロ市と上部エジプトの相違の主なものは次の通りです。qはカイロでは無声の呼気となり、上部エジプトではgとなり、jはカイロではgになるのが上部エジプトではjの音のままです。

　もう一つの違いは、アクセントの置かれる場所です。カイロでは、三つ以上の音節があれば通常初めの音節に置かれるべきアクセントは二つ目の音節に移されます。彼女の娘、ビントハーの場合、初めのビではなくトにアクセントがあり、学校、マドラサもラにアクセントが置かれます。

カ．マグレブ地域

この地域のアラビア語は歴史的には、イスラーム当初の 7 世紀に東アラブから伝えられたものと、アッバース朝の 10 － 11 世紀に伝えられたものの二重の層がかぶさっていると見られています。例えば古いものが変化した例ですが、モロッコで、一人の女性、と言うのを、ワーヒッド・エル・ムラアと言います。一という単数の名詞にはワーヒッドを先行させ、さらに名詞には必ず定冠詞が付されるというところが特徴です。この様な構成は、正則アラビア語にはないのですが、初期に伝えられたアラビア語から生み出された変則的な表現だと考えられています。

　この様に歴史的に二重の層が見出されることよりも何よりも最大の特徴は、ベルベル語が極めて濃厚に生き残っていることです。そして現代のベルベル語は歴史的には 10 世紀以降に伝えられたアラビア語が相当影響した結果であると考えられます。

　その諸相を見てみると、まず砂漠と定住という伝統的二分法を乗り越えて、例えばリビアの首都トリポリでは街中までベルベル語が横行しています。

　イベリア半島をアラブが支配していた間のアラビア語は、基本的にマグレブ方言でした。ただしスペイン語の愛情を示す縮小形が影響して、同地のアラビア語

では東アラブよりもアラビア語でも縮小形が頻繁に使われたといった、地方的な発達も観察されています。またマルタ島に伝えられたのは、チュニジアからですが、やはりマグレブ方言が伝えられました。

モーリタニアはアラブ世界の西の端にありますが、同地のハッサーニーヤと呼ばれている言葉は、モロッコから伝えられたアラビア語にかなりベルベル語が混じったもので、今日まで強く生き残っています。fの音はしばしばvと発音される（象はフィールではなく、ヴィール）ほか、非常に多くの変化や混交状態があり、言語学的にも研究が重ねられています。

以上の諸相にもかかわらず、マグレブ方言としてまとめられることになる、いくつかの特徴があります。一つは、単数一人称動詞の頭に、nの音が入るということです。ですからそれは複数一人称に元々入っている、nの音と勘違いしそうです（エジプト地中海岸方面のところで前出）。

もう一つの特徴は、アクセントの置かれない短母音は省略されるケースが少なくないということです。また同時に、短母音が二つあるときは、後の方にアクセントがおかれる傾向にあります（もちろん正則アラビア語では、二つのうち初めの短母音にアクセントがあ

る)。そこで例えば、書く、カタバ、は、クタブとなり、タにアクセントが移されます。また、山、ジャバルは、ズィバルとなり、バにアクセントがあることになります。

キ．口語と文語

　最後に取り上げるポイントは、口語と文語の関係という問題です。長い歴史の中でこれらの両者は、それぞれが引力の両極のようにして引っ張り合う力を保ってきたことは事実です。そしてそれら両者が牽引力を及ぼしあっている状況は、現在まで変わらず続いているといえましょう。

　これら両者の力の源泉は、文語の方は言うまでもなく、すでに見たクルアーンとジャーヒリーヤ詩を中軸にした、圧倒的な文化的精神的な力だといえましょう。他方口語の力の源泉は、大半は文盲の民衆も含めて、圧倒的な数の人が日常的に使う言語であり、それが日々の生活を支えてきたという現実でしょう。

　ただし両者は完全に、白と黒のように二律背反しているわけではないし、また言語の世界を右と左に二分しているのでもないのです。実際は相当双方が影響し

あう灰色の世界だということを、この機会に確認しておきたいと思います。

　まず文語も変化します。その一つの兆候が、口語を取り入れる表現が随所に現れるということです。特に現代アラビア語の典型とみなされる文学と報道言語において、その現象が顕著です。それとほぼ同質の事柄ですが、英語などの外国語表現が文語に入ってくることも珍しくありません。

　口語は口語で、常に正則アラビア語を意識しているといえます。アラブの大演説家であったエジプトのナセル大統領の演説では、初めは文語で厳かに切り出し、熱が高まると口語調になり、また最後の閉めは格調高く文語風を取るというケースが少なからず観察されてきました。もちろん大衆の反応も計算に入れての話であったのでしょう。

　また同一人物が話の途中で、口語と文語を使い分ける流儀もしばしばテレビのインタビューなどで見かけるところです。それは話題の硬さや、相手の話し振りに左右され、あるいは対応している場合です。

　こうなると、口語と文語のどちらが良いとか悪いとか言う価値観を持ち出す場面ではありません。それぞれに機能と固有の役割があると言えましょう。

あるいは本来どうあるべきかという言語政策を論じる場合でもありません。テレビという生きた視聴者を相手に、どれだけアピールできるかという死活問題だからです。[17]

このように日々の言語的な要請は、文化的精神的な側面と実際の生活上の必要性の両面があることは、今も昔も変わりません。そしてそれらの諸要求に答えようとして、徐々に現代アラビア語がたたき上げられ、形作られてきたといえます。まだ固まらずに動いてはいますが、一応それは簡潔正則アラビア語と呼べるものです。そしてそれについては、本書の後の章に譲りたいと思います。

---

[17] 口語と文語の併用現象 (diglossia) 研究は、この半世紀間において、アラビア語言語学中最も活発な分野であった。Ferguson 論文につき参考文献参照。

8．アラビア語の語彙的拡大 [18]

　アラビア語の拡大について、今度は語彙の充実という観点から見てみましょう。それは内から生み出された側面と、周辺の言語から取り入れたという外との関係の両面があります。

　いずれの分野をとっても膨大な蓄積があることは想像に難くなく、本章はその素描に過ぎません。ただしできるだけ全体像を掴めるようなデッサンを目指したいと思います。

（1）イスラーム用語

　いまさらイスラーム用語がどのように拡充されたかを改めて問うのは、的外れな印象さえぬぐえません。それほどにイスラームとアラビア語は不可分の関係であったということでしょう。しかし今一度、イスラームの進展によりアラビア語はどのような変貌を遂げたのかを整理して見ると、主として二つの方向が指摘されます。

---

[18] 本章はジョルジー・ザイダーン『アラビア語史』に多くを負っている。第 228-266 ページ。

ア．意味上変化した用語—

　例として、ムウミンは従来安全、アマーンの意味だったが、イスラーム以降は信者の意味を持ちました。イーマーンは従来信頼すること、タスディークの意味だったが、信仰の意味を持ちました。サラーは従来、祈り、ドゥアーの意味だったが、礼拝の意味を持ちました。このほか従来の言葉にイスラームとしての意味を持たせられたものとして、ルクーウ（お辞儀する）、スジュードゥ（跪く）、ハッジュ（巡礼）、ザカー（喜捨）、ニカーフ（結婚）などなど、多数挙げられます。

イ．使用されなくなった用語—

　無明時代の言葉で破棄された用語として多数ありますが、例えば、ムルバーウ（المرباع）は部族長が取っていた戦利品の4分の1、ナシータ（النشيطة）は目的地以前に行われた襲撃で獲た戦利品、マクス（المكس）は市場税のこと、ラッビー（ربي）私の主、は奴隷の主人に対する呼称であったが、その意味での使用は停止されたことなどです。

(2) 行政用語

ア. イスラーム以前

　イスラーム以前の行政用語として知られているものは、元来いずれもアラビア語から来ているので、言葉の意味と責任内容にはずれがないのが特徴です。例としては、サダーナ (السدانة　カアバ聖殿の鍵管理職)、スィカーヤ (السقاية　水、特にザムザムの聖水管理職)、イマーラ (العمارة　建物係)、アインナ (الأعنة　手綱係)、キヤーダ (القيادة　指導本部) などなどがあります。これらはイスラーム以降もほぼそのままの意味を維持しつつ継承されました。

イ. アラビア語起源

　アラビア語から生まれた最初のイスラーム上の行政用語は、ハリーファ (الخليفة) です。それは当初は預言者の後継者という限定した意味だったのが、そのうちに大臣、イマーム職、組合、警察など、どのような職種であっても後継人のことはハリーファと呼ぶようになりました。

カーティブ（الكاتب　書記）の語根の元来の意味は、石や木に彫り付けるという意味でした。彫ることで書いていたともいえます。そのうちにインクが使われ、現在の書くという意味で用いられるようになったのですが、それも当初はクルアーンの書き手を指すことが多かったのでした。しかし第2代ハリーファ・オマルの頃までには、兵士の氏名を書き連ねる役職を指し、そこから書記や会計係りを指すようになりました。その後、特にエジプトでは権力を集中させて、そのためカーティブは大臣の意味を持つようにもなりました。

ハージバ（الحاجبة）の語根の意味は、隠す、守るということですが、ハリーファの守護職を指していました。しかしハリーファ自身の力が弱まり、周辺の守護職の勢力がはびこりだすと、それは大臣の意味を持つようにもなりました。

この他、役職（イマーラ الإمارة アミール職、イマーマ الإمامة イマーム職、シュルタ الشرطة 警察）、軍事（ムスタルザカ المسترزقة 雇い兵係、ザハフ الزحف 行進、ダッバーバ الدبابة 戦車）など多数あります。

フクーマ（الحكومة　政府）はイスラーム以前においては、係争者間を割って入り判断することを意味しましたが、イスラーム以降は現在の意味に変化しました。

ワズィーファ（الوظيفة　役職）は元々、評価される仕事や報酬の意味でしたが、イスラーム以降に意味が転じて役職を指すようになりました。

　このように多数の用語はイスラーム以降新たな固有の意味を与えられたのでした。

ウ．外来語起源

　ディーワーン（الديوان　省庁）はペルシア語起源です。第2代ハリーファ・オマルの時代に広がる領土を治めるため、兵卒庁を置いたのが事始となり、その後は様々な省庁がディーワーンの名称で呼ばれるようになりました。さらには、兵卒の氏名が兵卒庁に記帳されている場合には、「帳簿の人」と呼ばれ、その帳簿のこともディーワーンと称されました。そしてついには、大部の書物はディーワーンということになり、そこから、詩集などはいつもディーワーンの名で呼ばれることになったのでした。

　この他ペルシア語起源の行政用語は他の言葉よりも多数採用されました。ジズヤ（الجزية　人頭税）、バリード（البريد　郵便）、ニーシャーン（النيشان　勲章）、シジル（السجل　記録）などなどです。

ギリシア語は多くはありませんが、ウストゥール（الأسطول 船隊）、ディルハム（الدرهم 硬貨、元来は重さの意味だったのが、その重さのコインの意味となり、硬貨一般の意味にもなった）、ビターカ（البطاقة 券）など、ラテン語では、バラート（البلاط 宮殿）、ディーナール（الدينار 通貨の単位）などがあります。またトルコ語（特にマムルーク・トルコ朝支配の長かったエジプトに多数残る）、ヒンドゥー語、ナバタイ語などもイスラーム以降のアラビア語に取り入れられたケースが見出せます。

（3）学術用語

イスラームの興った紀元7世紀よりモンゴル軍のバグダード攻略のあった13世紀までの間は、イスラーム諸学興隆の時代と言えます。イスラーム以前の無明時代にはほとんど見るべき学問体系はなかったので、一斉に百花繚乱の時代を迎えたわけです。そしてその後、14世紀より西洋の植民地主義勢力が侵入する18世紀までは、広い意味の停滞期として捉えられます。

興隆した諸学の中で、アラブでは大きく伝統諸学（ウルーム・ナクリーヤ）と理知諸学（ウルーム・アクリー

ヤ）に二分して把握されます。前者の伝統諸学とは外来でないと言う意味で、クルアーン、ハディース、法学、文法、修辞学、文学、詩などがあり、後者の理知諸学には、主にギリシアから入ってきた哲学、神学、論理学、天文学、数学、地理学、音楽、医学、化学などがありました。

諸学の興隆と一言で言っても、どれほどの知的エネルギーが結集されたかを思うと、やはりこれは歴史の一つの奇跡に近いものであったというべきでしょう。すべてが新たな知識の集積であり、きらびやかな才能の競演のようなものでした。

そして諸学のいずれもが新たな術語で埋められた世界だったわけです。これら諸分野の当時の新造語を列記するのは、それら諸学全体を総覧するのと同じこととなり、それは膨大なリストになるのは当然ですが、ここではそれらの全体像を推し量るに止まります。

なお以上のような新造の術語に満ちている諸学を前にして、何千ページに渡る大部の術語辞典の類が古くより種々編纂されたのは不思議ありません。

ジュルジャーニー編『定義』（アッタアリーファート التعريفات ）、アッタハーナウィー編『諸学の術語検索』（カシュフ・イスティラーハート・アルフヌーン

(كشف اصطلاحات الفنون) などがよく知られています。

ア．医学

　無明時代には、ヒジャーマ (الحجامة　吸い玉放血法) など、ほんの少ししかアラビア語の医学用語はありませんでした。そこへ外来の言葉も含めて、アラビア語自身からも新たに術語を創出する必要に迫られたわけです。サイダリーヤ (الصيدلية　医局、これはギリシア語起源)、タシュリーフ (التشريح　解剖)、ジラーハ (الجراحة　手術)、スダーウ (الصداع　頭痛)、サラターン (السرطان　癌)、イスハール (الإسهال　下痢) などなどです。大半は既存のアラビア語の語彙の中から、意味上近いものを持ってきて新造の術語として当てていたことが分かるかと思います。

イ．その他の自然科学

　無明時代から使われていた星の名称もなく、ほとんどの天体とその諸現象の名称は新造の術語でした。この事情は数学（代数学、幾何学、微分、積分などなど）、化学ほか自然科学の全分野について言えることです。

ウ．哲学、神学、論理学

　これらの諸学が新たな学問であったことは自然科学と同様です。したがってそこで使用され、術語としてのアラビア語は、外来語か否かは問わずすべて新造語ということになりました。

エ．外来語

　本来のアラビア語で術語が編み出せる場合はできる限りそれに従い、どうしても方法が無いときに限って外来語を採用するというのが、一般的な手法でした。外来語が入っている分野としては、病名、道具、薬など既存のアラビア語の世界に類似したもののない名称が中心でした。そしてそれらはギリシア語、ペルシア語、サンスクリット語などが語源になっているのが大半です。

オ．構造的な影響

　以上の術語の観点とは別に、諸学の文献翻訳上、当時のアラビア語の文体や派生形の関係でも少なからぬ特徴が見られました。この問題自体も用語と同様に、

相当な分量の研究を必要としますが、ここではその諸例の一端を紹介するだけです。

- be 動詞を翻訳するため、カーナ كان が頻繁に使用される。
- 動詞と述語の間に、形式的な主語としてフーウワ هو を入れることが多い。
- 動詞の受身形の使用が多い。
- 名詞からその形容詞形を作るのに、直接にヤー ي と付けないで、アリフ・ヌーンを挿入する。例：ルーハーニー روحاني 霊的な。本当ならばこれは、ルーヒー روحي とするところ。
- 英語ならば、non- となるものを、否定詞のラーを名詞に付けた形のものを作る。例：ラーニハーヤ اللانهاية 無限、ラーダルーラ اللاضرورة 不要、など。
- 代名詞、疑問詞など様々な品詞の末尾にイーヤ ية と付けて、名詞形を作る。例：カイフィーヤ الكيفية 方法、カンミーヤ الكمية 分量、ハウイーヤ الهوية 身元、など。

(4) ユダヤ教、キリスト教用語

　無明時代以来より、キリスト教徒の言葉であったシリア語、ギリシア語やコプト語、あるいはユダヤ教徒の言葉であったユダヤ語から、アラビア語に入った語彙もありました。例えば、デイル（الدير　修道院、シリア語）、トゥーラー（التوراة　律法、ユダヤ語）、インジール（الانجيل　福音書、ギリシア語）、キッスィース（القسيس　牧師、コプト語）などです。

　イスラームの支配が及んでからは、基本的にはキリスト教徒もユダヤ教徒もアラビア語を使用するケースが多くなりました。しかし聖書や律法をアラビア語に訳するときにも、既存のアラビア語の語彙にはないため、外来語として導入された一群の用語がありました。それらは例えば、以下のようなものです。

　アミーン（أمين　祈願の際の言葉）、タスビーフ（التسبيح　神を称賛すること）、ティルミーズ（التلميذ　子弟）、スィラータ（الصراط　道、ただしアラム語に入る前の本当の語源はラテン語とされる）、サラワート（الصلوات　礼拝、祝福）、トゥール（الطور　丘）、タウバ（التوبة　悔い）、キヤーマ（القيامة　復活）、カニーサ（الكنيسة　教会）、ジハンナム（جهنم　地獄）

など、現在のイスラームでも中軸的な語彙が含まれています。

　以上のような語彙の世界とは別に、表現や言い回しがアラビア語に入ったケースももちろんありました。例えば、ユダヤ語で、考える、ということは、心の中で言う、と表現しますが、それはアラビア語でもそのまま翻訳上採用されました。しかしこのような言い回しをそのまま翻訳の用途以外で広くアラビア語に導入することは、一般には語彙と同様極力避けようとする勢いが働いていました。

(5) 停滞期の乱れと外来語

　上に見たように 14 世紀から 18 世紀までを、文化全般や言葉使いの上での停滞期として見られますが、この期間には伝統墨守の風がはびこり、文法は乱れ、新たな息吹を伝える文学創作の熱も滞ったといえます。

　母国語が勢いを失い乱れるといった状況は、わが日本史の上では類似の経験がほとんどないため、少し想像が付きにくいのが普通ではないでしょうか。場合によっては、テレビなどの影響で、今日平成の時代こそは日本語が乱れている状況なのかもしれません。いず

れにしてもアラビア語が乱れたというのはどういった様相を呈していたのでしょうか。

この状況をアラビア語では、タカッルフ（التكلف　凝りすぎ）、タジャンムル（التجمل　修飾過剰）、タサンヌウ（التصنع　わざとらしさ）、タフヒーム（التفخيم　誇張）といった用語で言い表されます。文学上では、意味を重視すべきかあるいは表現を問うべきか、の論争も繰り返されました。そしていわゆる停滞期を通じては、圧倒的に表現重視派が重きを置かれ、意味を重視すべきだとする考え方は、一連の近代化努力の中で初めて市民権を得られたのでした。しかもその表現も昔誰が使ったものか、といったような故事来歴が問われるケースがしばしばとなりました。

表現重視の一つの典型として、すでに見た韻律文（サジュウ　السجع　）が本来の力強い調子を失い、あまりにくどくどしいリズムになっている例を一つだけ引用してみましょう。[19]

「アスカラーンからエルサレムに行った，求めながら（ターリバン　طالبا　）、決意を持って、勝利しつつ（ガーリバン　غالبا　）、勝利のために、それに随伴して（ムサー

---
[19] ザイダーン『アラビア語史』第261ページ．

ヒバン مصاحبا)、誇りの尾っぽに、引きずられ（サーヒバン ساحبا)。」

　これが一つの文章です。十字軍を撃墜して有名なサラーフ・アッディーンのエルサレム開城の戦いを描いた場面ですが、作者のイマード・アッディーン・アルイスファハーニー（1201年没）の書『困難な勝利（アルファトフ・アルカシー الفتح القسي)』は名文として当時もてはやされたそうです。しかしこの無理に韻を踏んだくどくどしさは、現在では悪文と評されます。

　もちろん良い悪いの価値判断をここで議論しようとしているのではなく、このような手法が繰り返し使われ、そのうちにそこにはみずみずしい表現への勢いが失われ、本来テンポの良い文体であったというメリットが消失しているという点です。この例文からも、伝統墨守が行過ぎているということは見て取れるかと思います。

　アラビア語が乱れたもう一つの兆候は、文章語にますます口語が入り乱れるという現象も挙げられるでしょう。客観的に見れば、口語が入ってくることは即ち言葉の乱れとは言えないかもしれません。しかし文語で保たれていた一つの糸の張りが失われ、言葉の調子が狂い不要な緩みが進入しているとしたら、それは

排斥すべきだということになるでしょう。そこで文章語から口語は除外することも、近代化の一つの課題となったわけです。

さて停滞期において見ておきたいもう一つの現象は、本来のアラビア語で表現できるのにかかわらず、多数の外来語が闖入してきたということです。これは従来見られなかった現象です。分野的には行政、軍事、財政など国家運営にかかわるものが主体ですが、それ以外の日常的な用語にも闖入の諸例は見られます。そして語源的には、トルコ語やペルシア語のものが多く入ってきましたが、中にはアラビア語と合体されている場合も少なくありませんでした。

以下には若干の例を挙げることにします。

役職を表すダール（دار）、館・店舗を示すハーナ（خانة）、長を示すシルル（سر）などはペルシア語系の用語と合成されることが多く、職業を示すジー（جي）、長を示すバーシー（باشي）はトルコ語系の用語としばしば合成されましたが、最終的には特に限定されずアラビア語起源の用語とも合成されることは少なくありませんでした。

スンジュクダール（السنجقدار　旗係）、ジャマダール（الجمدار　着物係）、バシュムクダール（البشمقدار　靴

係)、ハジンダール（الخزندار　金庫係)、ダフタルダール（الدفتردار　帳簿係)、ジャーシュニカル（الجاشنيكر　毒見係,）マクトーブジー（المكتوبجي　飛脚)、ムハーシブジー（المحاسبجي　会計)、マクワジー（المكوجي　アイロン掛け)、クトブハーナ（الكتبخانة　本屋) などです。

　これらのいくつかはオスマーン・トルコ朝支配が強く及んだエジプト、レバノン、シリア辺りでは、今日も生きています。ナイル川を跨ぐ幾つもの橋は普通トルコ語のままでコブレ（كبري）と呼ばれ、観光客にも有名なカイロ市内の市場の名前はハーン・ハリーリー（خان خليلي）で知られており、また称号であったベーク（بيك）は現在も、旦那様、と言ったニュアンスでよく聞かれる言葉です。

　なおこの停滞期を通じて改めて注目しておきたいことは、トルコ人支配の続いた中において、一度としてトルコ語を強制してアラビア語に取って替わろうという政策や試みは行われなかったということです。アラビア語に対する敬意と格別の地位は、全く揺るがなかったし、それを疑う者も出なかったという事実は重要かと思われます。それは何も民族主義的な観点でそうなのではありません。一つは当然ながら、イスラームを

中核とする文化の力の証であるということです。同時にそれは、上に見たとおり合成語も縦横に作成されるなどアラビア語が持つ言語としての柔軟性と、多くの文化的背景を持つ他民族にも魅力を納得させるだけの言語的な包容力の証であると言えるからです。[20]

アラビア語にとってはウマイヤ朝やアッバース朝以来、未曾有の挑戦となった近代西洋文明への対応においても、紆余曲折を経たとは言え、最終的にはこれらの言語能力がいかんなく発揮されたのでした。

---

[20] ただし、第1次大戦勃発前、オスマーン・トルコがアラブの独立を抑えようとした一時期にはトルコ語優先政策が進められ、例えば1909年、トルコ議会への嘆願はトルコ語でしか認められないとしたような事例が例外的にはあった。

9．近代社会とアラビア語

　停滞期を通過してきたタイミングであっただけに、19世紀以降のアラブの復興運動は政治的社会的な内容だけではなくて、なかんずく文化的言語的な改革の運動でもあったわけです。この模様は、日本人ならばちょうど明治維新に相当するといえば、一番手間がかからずに飲み込めると思われます。

　これを少し細かく分けて言えば次のようになります。近代社会に対するアラビア語の問題は、近代文明の力を吸収しようとすればするほどアラビア語の旧態然たることが確認されるという事情、具体的には近代社会に必要とされる語彙に欠けるということが日々の課題として壁になったということです。そのためアラビア語の必要性、あるいはその言語能力に対する疑問がはじめて投げかけられたのでした。

　新しい技術や組織を教える諸学校では、もう直接ヨーロッパの諸語が用いることが避けられなくなりました。あるいは表記法を、アラビア文字を廃してラテン文字に変えようとの提案も出されました。

　このような疑問や提案は、クルアーン編纂時やギリシア文化吸収の過程では全く生じなかったものでした。

その意味では、アラビア語の歴史の中で最も深刻な局面に遭遇したといって過言ではない状況でした。

（１）各地の動向

ア．エジプト

　1798年のナポレオンのエジプト侵攻は、日本で言うとちょうど米国ペルー提督の黒船到来と同じ効果をもたらしました。ナポレオン軍を追い払うためにイスタンブールのオスマーン・トルコが派遣したムハンマド・アリーはそのまま居残り、1807年には実質上独立政権の地位が本国より認められました。それと共にエジプト、あるいはアラブの地における文明開化努力の幕が切って落とされました。

　ヨーロッパへの留学生派遣が続き、他方1836年、カイロの語学学校が開設されました。またそれには、1841年、翻訳学科も特設されました。この当時この翻訳学校を運営し、翻訳事業を大いに推進したことで知られた人物は、リファーア・ラーフィイ・アッタハタウィー（1801年-1873年）でした。彼は愛国者ながら西洋文明の導入に熱心で、日本で言えば福沢諭吉か西周のよう

な印象の人物です。

　エジプト政府は、1863年、それまではトルコ語と併用されていたのを改めて、アラビア語だけを公用語と認定しました。ただし右は、1882年、英国支配が始まり、1898年、英語が公用語となって一頓挫しますが、それは1922年の独立達成までのことでした。

　このような中、アラビア語の近代化と古典語の蘇生を中心とする改革を主目的とする王立アラビア語アカデミー（ مجمع اللغة العربية الملكي ）が1932年に設立されました（1955年以来、アラビア語アカデミーとなる）。

イ．シリア

　シリアやレバノンではマロン教徒を中心に元来ヨーロッパ文明に対する違和感が少なく、他方19世紀以来、キリスト教宣教師らによるアラビア語研究が進められていました。当時よく知られたアラビア語改革推進論者としては、レバノン人ナーシフ・アルヤーズィジー（1871年没）が挙げられ、彼の発案で百科事典（マウスーア الموسوعة ）や、新聞（ジャリーダ الجريدة ）という用語が定着しました。1866年には、現在の在ベイルート・アメリカン大学の前身であるプロテスタント・

カレッジが設立されていました。

　こうして近代化への意欲と言語改革への意識が相まって高いものがあったことがアカデミー早期設立の背景にありました。ダマスカスにおいてはカイロよりいち早く、1919年にアラブ学術アカデミー（المجمع العلمي العربي、現在はダマスカス・アラビア語アカデミー ‒ مجمع اللغة العربية بدمشق）が設立されたのです。

　このアカデミーの目的として掲げられた3点は以下の通りでした。それらは当時の知識人の見方を如実に伝える意味で、興味深いものがありますが、基調としてはアカデミー・フランセーズを範としていたと言われています。

・　アラビア語の純粋性を維持すること—これは外来語や口語との闘いが念頭にあったと見られる。
・　アラビア語を技術・科学の需要に見合うようにする新造語を、アラビア語本来の語根に基づいて編み出すこと。
・　アラビア語を近代社会の適切な伝達手段にする用語問題以外でも、アラビア語への信頼性を強めて流通性を高めること。

ウ. イラクとパレスチナ

 1947年、イラク学術アカデミー（المجمع العلمي العراقي）が設立されました。このアカデミーでも、アラビア語の新造語の膨大なリストを作成する努力が払われました。しかしその多くは、あまりに古典語傾斜が強すぎて現代的意味にあまりに遠かったり、あるいは様々な異なる新造語が一つの術語のために提案されて混乱を生じたり、果ては相次ぐ革命などで政権の交代があり、そのために特定の新造語が定着しなかったという運命を辿りました。

 次いで1976年、ヨルダンでも、同趣旨のアカデミーが設立されました。

 パレスチナでは第1次大戦後、英国の統治下で、アラビア語、ヘブライ語、英語が並んで公用語とされました。

エ. 汎アラブ

 1945年3月、アラブ連盟が独立したアラブ諸国の機構として創設され、アラビア語の近代化も部内に担当の局を設けて同連盟の一つの課題として取り上げられ

ることとなりました。そしてここに全アラブを通じて、共同の目標としてアラビア語改革に取り組むこととなりました。

　1956年9月には、アラブ諸国の学術アカデミーを集めて、アラビア語アカデミー大会がカイロで開催されました。

　さらには、1961年4月、モロッコで文盲追放とアラビア語の改革のために、アラビア語推進汎アラブ会議が開催されました。これはアラブ連盟を中心としたアラビア語改革運動の推進のための事務局役を、今後はモロッコが担おうとの意思が背景となっていました。

（2）アラビア語改革の努力

　以上においてアラブ諸国における言語改革、近代化の動向を一覧しましたが、それらの努力はどのような内容だったのでしょうか。これがここのテーマです。

ア．新造語の創出

　新規にアラビア語として語彙を取り込まなければならない状況は、過去にも幾度もアラビア語として経験

し、その荒波を乗り越えてきたところです。その際のいわば古典的手法はすべて近現代でも何等遜色なく、有効であることは変わりありません。

(ア) 古典的手法には4つあります。

- アラビア語化（التعريب）—外来語をそのままアラビア文字で表記してしまう、一番短絡的な方法です。これは一般にはできるだけ避けようとされます。ファルサファ（الفلسفة　哲学）、オートブス（الاوتوبوس　バス）など。

　ただし元来のアラビア語で意味上近いものを持ってきて、代用させる方法もあります。ハーティフ（الهاتف　電話）、サイヤーラ（السيارة　自動車)、キタール（القطار　汽車、元来は砂漠の隊商の意）など多数あります。中には、当初はイスラーム的な用語を持ち出してみたものの、結局非宗教的な用語が定着した例もあります。例えば、革命、というのは初めは、イスラーム用語であるフィトナ（الفتنة）が当てられたのですが、その後はサウラ（الثورة）が普通の訳語になりました。

　ケマール・アタチュルクら青年トルコ党の動きは

アラブの独立運動と同時並行に進められましたが、その青年トルコ党が訳語として用いたアラビア語起源の用語がそのままアラブ人によって採用された類のものもあります。例えば、フクーマ（الحكومة 政府）や、ジュムフーリーヤ（الجمهورية 共和国）などです。

　また新造語の創出上、最も成功率が高い部分と見られるのは、道具を示すミを使う場合です。ミスアド（المصعد エレベイター)、ミルワハ（المروح 扇風機）など多数ありますが、昔より使われていた言葉との見分けは付きにくいことが少なくありません（例えば、ミンバル المنبر 説教台など）。

・ 派生形（المشتقات ）の活用—近い意味をアラビア語の派生形を使って表す方法で、これはアラビア語の特性を最大限使っているといえましょう。ムスタシュリク（المستشرق 東洋学者）など。職業を表す原型はファッアール（فعّال ）、抽象名詞の語尾は〜イーヤ（ية -）、病名はフアール（فُعال ）なども、派生形の中でよく使われるものです。これらは語根から派生したものですが、派生形の形をそのまま利用するところから、キヤース（القياس 類推）

とも称されます。

- 比喩（المجاز）の活用―人工衛星という日本語も星という点で比喩的ですが、アラビア語ではカマル・スィナーイー（القمر الصناعي　人工月）と言います（フランス語かロシア語からの訳）。これは当該の新造語がそのままでは何を指しているのかが、確定しにくい難点があります。

- 短縮語（النحت）―好まない人が多いのでこの事例はあまり多くはありませんが、イラー・アーヒリヒ（إلى آخره　その他）と言うのを縮めて、إلخ とする（事実上これによって、新たな語根を作っていることになる）。古くからは、ラー・ハウラ・ワ・ラー・クウワタ・イッラー・ビッラーヒ（لا حول ولا قوت إلا بالله　神を除いて助けや救いはない）は縮めて、حوقلة となる、あるいはビスミ・アッラーヒ・アッラハマーン・アッラヒーム（بسم الله الرحمن الرحيم　慈悲深く慈愛遍き、アッラーの名において）は、بسملة と言われることなどがありました。

　最近でも、タハバハリー（تحبحري　潜水艦の）

と言う言葉が、タハタ（تحت　〜の下）とバハリー（بحري　海の）の短縮形で見られることもあります。しかしあまり支持は受けていないといえるでしょう。他方、アウラマ（العولمة　グローバリズム）は大ヒットのようです。

（イ）実際の適用

　以上を駆使して、大半の近現代語の新造語も創られました。例えばサッカーはアラブ諸国でも大人気なのは周知でしょうが、その用語は全面的にアラビア語化されました。その現象は太平洋戦争の一時、日本でも野球をするのに全て英語を廃止しようとしたようなものです。しかし大変な違いは、日本語の場合はいかにも無理をして訳したと一度に気づかされ、中には微笑ましいものもあったのですが、アラビア語の場合は、そのような違和感はほとんどなく、そのままアラビア語として馴染んでしまっているということです。
　ゴール（マルマー المرمى）、ゴール・キーパー（ハーリス・アルマルマー حارس المرمى）、パス（タムリール التمرير）、ラインズマン（ムラーキブ・アルフトゥート مراقب الخطوط）スコアー（ハダフ الهدف）などで

す。以上、日本語の箇所は全部英語をそのままカタカナで書いただけでした。

新造語作成の場合の四つの手法は上に述べましたが、それらを実際に適用する場合のおよその原則は次のように言えましょう。

- 発音上アラビア語にないような母音や子音をそのまま取り入れることはしない。ですからペプシ・コーラはベブシ・クーラになります。
- 形態的にも最大限、アラビア語の形を取らせること。共産主義は、クムニーズムではなく、アッシュユーイーヤ（الشيوعية）となりました。
- それから外来語をそのまま取り入れて、アラビア語文字で書くだけというケースは、科学技術分野においてのみ限定的に認めることとする。

次に見るのは、英語などで頻繁に使われる接頭辞などのアラビア語訳上の定番です。
- re- ：ほとんどは、إعادة --- review إعادة النظر rebuild إعادة البناء reelect إعادة الانتخاب
- anti- : معادٍ ، مضادّ を使う。
  anti-capitalism معادة للرأسمالية

anti-missile مضاد للصواريخ
- non-, mis-, mal-：عدم -، سوء - を使う。
  non-existence عدم وجود
  misunderstanding سوء الفهم
- -ism：上に共産主義の例で見たとおり、ية - を使います。
  socialism الاشتراكية　fundamentalism الأصولية
- multi-：تعدّد を駆使する。
  multi-national متعدد الجنسيات
  multi-purpose متعدد الأهداف

　なおある特定の分野の用語については、特に著名な研究者も出ました。例えば外交用語は、マアムーン・アルハマーウィーという人物の仕事が勇名を馳せました。

　それでも広い範囲にまたがるアラブ諸国地域を通じてみて、いくつか国によって使用される用語が異なる現象は不可避でした。

　例えば憲法は、エジプト、レバノン、シリアでは、ドストゥール（ الدستور ）、イラク、ヨルダンでは長く、カーヌン・アサースィー（ القانون الأساسي ）と呼ばれました。物理学はエジプトでは、イルム・アッタビー

ア（علم الطبيعة）、シリア、イラクでは、フィーズィヤー（فيزياء）です。百科事典も、知識の倉庫（ダーイラ・アルマーリフ دائرة المعارف）、知識の広がり（マウスーア・アルウルーム موسوعة العلوم）、知識の具（المِعْلمة アルミウラマ）など様々であったのが、現在ではほぼ、上の第二番目の「広がり」（アルマウスーア الموسوعة）一つにまとまってきたようです。

なお何とかしてアラビア語本来の姿は維持しようとする勢い、あるいは願望が日本語よりはるかに強いことが背景にあるからでしょう、アラビア語には医学、軍事、経済などなど分野別の単語集が実に豊富に出版されてきています。他方では言語学的な基礎を持つ、英語など欧米語とアラビア語間の辞書でしっかりしたものが、アラブ人学者によって編纂されたものは現在でも皆無と言って過言ではありません。この現象は日本語の近代文明との対応の仕方と比べて、非常に興味深いものがあると思われます。[21]

---

[21] 本書参照 4.「分野別アラビア語術語集一覧」を見よ。

イ．文字と表記法

　アラビア語をどのように表記するかについても、いくつかの提案が行われてきました。しかしこの側面については、成果を挙げたものは何もなくて、結局 従来と同じ綴り方が現在も行われています。以下は努力の一端として行われてきた諸提案の概要です。

・　ラテン文字の採用－ケマル・アタチュルクの改革が新生トルコで進められる中、それまでのアラビア文字を廃棄して、ラテン文字でトルコ語を表記することが先行していました。その前例もあり、アラブで同様の提案が行われました。ただし成果は上がりませんでした。[22]

・　母音表示—アラビア語では原則的に子音のみ表記して、母音は書かれません。それを改めて、母音も子音に付記しようと言う提案が随所に行われました。ヤー ی がイの音になるときには、文字の下に二つの点を入れて、ې とすることは現在エジプトなど

---
[22] 一つの典型は、アブド・アルアジーズ・ファハミー『ラテン文字によるアラビア語表記の簡略化』カイロ、1946 年。

を除いて広く行われています。しかし一般に、ア、イ、ウを示す表示は実行されませんでした。学習の初歩の段階では確かに母音表示は大きな助けになりますが、アラビア語が普通にできる頃には、それは不必要で、なくても十分読めるからでしょう。実用上、不必要な事柄が新たに採択されることは考えにくいのはどこでも同じです。

- アラビア語文字には、語頭、語中、語末の三つの位置関係によって、原則としては一つの文字について三つの形が存在します。それを改めてすべてを同じ形にしようと言う提案もありました。そうすれば暗記も筆記も楽になるということで、提案の意図ははっきり理解できます。しかし実際上は、三つの形で苦しんでいるのは、初心者かあるいは慣れない外国人くらいですから、これも逆に混乱を生じさせる効果しかないでしょう。結局何の影響もなしに、消え去るしかありませんでした。

ウ．文法の簡素化

　複数形の内、不規則形を限定しようとか、名詞の女

性の種類を限定すべしとか様々な提案がありました。あるいは三つの格変化をなくそうと言ったアラビア語の本質に手を入れるような考えもありました。それらの多くは、アラビア語アカデミーの中で議論され、結果がその刊行物の形で発表されたのでした。この類は、総じて簡易語（ルガ・ムヤッサラ اللغة الميسرة ）と称されましたが、現状を見れば分かるとおり、具体的な成果はほとんどなかったといえましょう。

エ．文語と口語

　文語と口語の関係については、歴史的にはアラブ知識人の立場は変わらないものがありました。つまり口語は「腐敗」であり、排斥すべきであるということです。

　近代化改革のための提案の一つのポイントは、この発想を改めて、口語をもっと正面から書き言葉に採用しようと言うことでした。この提案にはさらに、政治的な側面が伴うことも見逃せません。なぜならば、口語は地方や国ごとに異なるので、口語推進の考えは、アラブ統一の動きとは逆の効果をもたらすからです。またそれは実際には、映画など文化面ではエジプトの力が強いので、エジプト方言をアラブ全体に広めよう

という動きとしても受け止められるものでした。

　ナセル大統領の演説は途中で民衆へのアピールのために口語体に移行したりするのは、定番でした。またノーベル賞受賞作家となった、ナギーブ・マハフーズのような庶民派作家の作品では、むしろ口語のやり取りがないと面白みも何もなくなってしまうくらいに、重要な要素になりました。ですから、口語表現の有効性は誰しも認めるにやぶさかではないのです。

　ではどこまで認めるのか、という実際論になると、一筋縄の議論ではとても収拾が付きません。そして現実にこの問題は何も理論的には前進を見ないままに、その後数十年が経過してきています。ところがこの数十年は無為に経過したのではなく、今日現在は解決とまでいかないまでも、ある種の均衡点に到達したと言える段階に来ています。

　それは文語アラビア語自体が、古典時代よりははるかに簡素なスタイルを見出し、他方口語もこの簡潔な文語アラビア語を念頭に置く傾向が広まったからです。これを名づけて、簡潔正則アラビア語と呼ぶこととしましょう。英語では、Modern Standard Arabic（MSA）と略称されています。

　このような大きな予期せぬ発展が可能になった最大

の要因は、普通教育の普及と文盲率の減少です。1世紀前のアラブ諸国の文盲率は正確な統計はないにしても、エジプトでは90％以上と見られています。他のアラブ諸国も推して知るべしでしょう。つまり文語というのは、極めて少数のエリート用語に過ぎなかったと言えます。

　普通に新聞を読みニュースを聞き取れる人が大半になったことによって、その流通性の大きさもあり一気に標準語化の道を辿ってきたということです。また迅速性を求められる報道用語が、言葉の本質だけを表現して、冗長な修飾や過剰な韻律などを捨象する必要に迫られる事情は、世界のどの言葉も同様だといえます。同じことを言うのにも持って回った言いぶりではなく、単刀直入に鮮明に、五つのW（what, when, where, who, why）を伝達するのが報道言語の使命であるのは、アラビア語とて同じだからです。

　今日現在のアラビア語は、古典的なアラビア語、簡潔な文語体、そして口語体といったように、その多様化を楽しんでいるとも見られます。テレビの番組で日本でも時代劇の、御座候体から、喜劇的な日本語までのバラエティーをこなしているようなものです。アラビア半島のベドウィンの生活をセッティングにした英

雄劇は広くアラブ世界で楽しまれていますが、その言葉は実にクルアーンかあるいは預言者伝承の世界です。他方では、下町の生活、夫婦喧嘩などを題材としたテレビ・ドラマや演劇なども人気を博していますが、そこは当然庶民的な口語の世界です。でもそのドラマの中で、例えば手紙を読み上げるシーンがあればそこは簡潔な文語になるでしょう。

　以上見てきたように、現代のアラビア語はいわば小康状態にあると言えます。口語と文語の関係が、何か水と油のようなものではなく、互いに共生の道を必要に迫られて見出してきた段階にあるのです。このようなある種幸せな均衡状態が何時まで保てるのかは、何も目印はありません。

　しかし国際的には、例えば国際連合の公用語としてもあらゆる国際問題の表現と伝達手段として、何の遜色もなく日々機能していることは間違いない事実です。又テレビやインターネットでアラビア語を通して、世界的な報道が推進されている事情は、ますます拡大傾向にあるのが現状です。何も弱点が見出されていないし、むしろそれを使用することを誇りとする人たちの数は、ムスリム人口の増大と共に増えているというべきでしょう。

一番頭を悩ませそうな問題は、科学技術用語の取り込みという点ではないでしょうか。しかしこれも今のところ、情報技術や宇宙工学など最先端分野を含めて、一応対応されてきています。ただしこれからはどうなのかは保証の限りではありません。

　でも考えてみると、最先端とはまさしく先例も前例もない世界だからこそ最先端なのであり、それを表現する用語の不足する状況は何もアラビア語だけの問題ではなさそうです。まだ見ぬ先の杞憂ばかりあまりすることもなさそうです。

10．現代アラビア語の誕生

　簡潔正則アラビア語（MSA）が生み出されてきたことを、前章で述べました。こう言いつつも、それではそれをどのように定義付けるのかは、言語学者の間でも必ずしも一致して見解があるわけではありません。事実この呼称さえもが定着したわけではなく、中間言語（アルルガ・アルムタワッシタ اللغة المتوسطة）あるいは使用状況を反映して、教養人言語（ルガ・アルムサッカフィィーン لغة المثقفين）などと呼ばれることもあります。

　しかしこれらの多様性を通じても見て取れることは、関係者はそこに新たな種が誕生してきていると見ていることでしょう。まだ確定し固定化されたものではありません。むしろそのような大きなカテゴリーを設けて観察してみることによって、現状に起こっている現象を網羅的に理解しようとする、仮説的な発想の面も多分にあると言えます。

　おそらくアラビア語は、他のどの言語も同じように歴史の長い時間の中で、色々の諸相を示してきたのでしょう。他方、アラビア語の本体については、7世紀以来変化したと見られる部分は非常に少ないほうです。

文法構造を初めとして枠組み全体は何も変わっておらず、主な変化は使用する語彙や言い回しの分野であると言い切ってもいいかと思います。

　このようなことを前提として、未だ動きつつある現代のアラビア語の諸特徴は何かを、ここにまとめてみます。あまり微細な例外に気を奪われることなく、本書であらまし見てきたような長い歴史を念頭に置きつつ、大きな動向が把握できればここの目的は果たしたことになります。

（１）その特徴の要点

ア．話し言葉では、従来から広く見られることですが、主格、所属格、対格という格変化はまず発音されません。これは現代も同じです。他方国内向けであれば文語的な構造の上に、口語や方言の言い回しや言葉使いが随時、違和感や嫌悪感なしに、むしろ共感を呼ぶ好材料として駆使されることがしばしばです。

イ．方言的な発音やあからさまな地方的表現は、アラブ諸国の国際会議などでは何がしか押さえられ気味となり、やはり念頭には正則語の発音が支配権を握って

いる様子が伺えます。この様に、如実に学校教育の影響が見て取れると言えましょう。

　例えば、カーフ ق の発音は、アラビア半島のベドウィン流はガとなり（コーヒーはガフワ）、レバノン、シリアを中心に、それはハムザのような呼気だけで音は出ない発音に変化するのが普通です（コーヒーはアフワ）。しかしアラブ連盟の会議演説など、あるいは多数のテレビ番組では、それは普通の教科書通りカーフの音が使われます。

ウ．書き言葉では、動詞の強調形や短縮形がほとんど使われません。強調の必要な場合は、他の副詞などを挿入して意味の強調を果たします。また動詞の第11型から第14型はいずれも意味上、集中や強調の意味合いを出す役割がありますが、それらはいずれも古典時代においてさえも使用頻度は極めて限られていました。それがさらに、現代ではほとんど用いられなくなっていることも、特徴点に加えておきましょう。なお、短縮形が用いられるケースの多くは条件法ですが、それは通常の直説法で済ませられると見るのが一般的になったと言えます。

エ．韻律を踏むことは圧倒的に少なくなり、それへの郷愁も過去のものになりました。しかし演説や金曜日の説教などでは、韻律や同一の調子の反復口調により、相変わらず独特の雰囲気を作ると共に説得力を増す効果が期待されています。韻律文（サジュウ）の活躍する分野が限られたとも言えるでしょう。

それと共に、華美な形容詞や隠喩、暗喩、比喩などの修飾技法も、一般には冗長な印象を与え、好まれないと言えます。これは、伝統的な修辞学（イルム・アルバラーガ علم البلاغة ）が実用から遠ざかりつつあるという意味において、アラビア語作文技法にとっては大きな岐路に立っていると言うべきで、あるいはその分岐点はすでに過ぎたかもしれません。

しかし昔からの修飾技法自体が変化したわけではありません。ですから相変わらず、伝統的な修辞学自身は実用的ではなくなってきたとは言っても、未だ立派な文学の学問的一分野として微動だにせず存続しています。

オ．話し言葉でも書き言葉でも、諺、さらに一般的には古典の引用頻度は減少しています。これも意味を直截に伝えるかどうかという点で、下手すると冗長であ

り、あるいは意味不鮮明となり意図を確認する必要が生じる恐れがあることが背景にあります。これは日本語の場合と全く同様でしょう。

カ．英語やフランス語、特に英語の影響が顕著な例は少なくありません。例えば、動詞の受身形が多く使われること、余分の動詞が多く使われること（訪問する、ザーラ、と言う代わりに、訪問を行った、カーマ・ビッ・ズィヤーラ قام بالزيارة ）、彼はあまりに強いので、～だ、と言った英語式構文（He is so strong that・・・、أنه --- هو قوي جدا لدرجة ）の使用などが挙げられます。

　以上のように諸特徴を挙げつつも、今一度再確認しておきたいことは、言い回しなど語法の変化は明らかにあるものの、文法の変化は基本的に皆無と言えることです。それからもう一つは、言い振り、あるいは語法の変化よりさらに如実な変貌を遂げているのは、前章に見たような語彙の世界だということです。そして右のような変貌の枠組みの中で、アラビア語は近現代社会の言語的要請に十分対応してきていると言えるのではないでしょうか。
　さてここで現代のアラビア語というのは、実際は

二つの種類のものを念頭においています。その一つは報道言語でもう一つは現代文学、特に散文様式です。

後者は、ほとんどが上の諸特徴と重なりますので、一言だけ付け加えて、その後に報道言語における現代アラビア語をもう少し詳細に検討しておきたいと思います。

（2）散文様式

停滞期の文学における発想はあくまで伝統墨守であり、具体的には英雄讃歌や頌歌などで修辞を凝りに凝るというと点にありました（表現方法の文学、アダブ・アルラフズ أدب اللفظ ）。修辞学の出発点はやはりクルアーンとジャーヒリーヤ詩であったとしても、その精神はそれら泉の源泉からは程遠いところに移っていたと評価できるでしょう。

このようなあり方が、文学の停滞の原因であったと主張されたことと、同時にフランスとイギリスの文学から主要な影響を受けつつ、近現代のアラブ文学の様式が生み出されたのです。それは言語的にはなかんずく、修飾を抑制して伝達内容を重視しようという姿勢への転換を意味しました（意味の文学、アダブ・アル

マアナー أدب المعنى)。

　具体的に誰のどの作品かといっても、多数の例が挙げられるでしょう。典型的にはフランス風の筆致のターハ・フセイン著『日々の流れ الأيام 』や、イギリス風と評されたアフマド・アミーン著『わが人生 حياتي 』などを、挙げておきましょう。ナギーブ・マハフーズの多数の作品は、日本でいうと少し昔の菊池寛か、現代の五木寛風です。いずれにしてもマハフーズのその庶民的な感覚に満ちた内容とそれに見合った肩の張らない直截な表現ぶりは、まさしく現代散文の先端を行くと言えるでしょう。

(3) 報道言語

　新聞やテレビのニュース解説などの言葉は、急いで作られてゆくので、文章は推敲して作るものだという感覚からすれば、決して最善の言語である保証はありません。それについてはさらに、アラビア語新聞などの場合はアラブの教養人によく有りがちな伝統的古典趣味に反していることも手伝って、正面から批判的な人も少なくありません。

　ですからここで報道言語を取り上げるのは、それが

良いか悪いか、あるいはそれを手本とすべきかどうかという観点からではないことは確かです。それを検討することを正当化する理由は、良い悪いや好き嫌いの価値判断ではなく、それが影響力を持っていてその理解抜きには現代アラビア語は語れないからということに尽きます。[23]

新聞言語や最近のインターネットの言語は、即ちラジオやテレビのニュースや解説番組などの言葉のベースにもなっています。これらのメディアがますます報道言語を広め、いわばそれはほとんどアラブ世界の標準語であるかのような顔をして、世界を駆け巡っていると言えるでしょう。

もちろん新聞言語といっても、社説欄のような場合、政治経済記事の場合、あるいは文化・評論や宗教的な記事の場合、それぞれ異なった傾向があります。最後の文化・評論欄や宗教欄の文章は、相当凝ったものが少なくありません。

以下に見るのは、主には報道の先端である前二者、つまり政治経済関係や社説的な文章を念頭に置いて、

---

[23] 報道言語を現代アラブ史の展開の中で見直すことについては、狭義の言語の問題を離れることも多いので、本書の参考 6.「アラブ報道と現代史」に分けたので、それを参照願いたい。

その諸特徴を見ることとします。

ア．受身形が多く使われること。

　古典用法でも受身は使用されますが、より抑制的であったのが、現在の報道ではすっかりおなじみです。ニュースの性格からして、主語は「人々」など一般的な言葉が想定されるケースが少なくないことや、あるいはそのように想定することにより陳述内容がより客観性を帯びる印象のあることなどが、この背景にあるのでしょう。また社会慣行上、誰が、と言う主語は質問するまでもないようなケースも多いのが、現代社会かもしれません。そして英語ではすっかり当たり前になっているのです。

　ではアラビア語としてどうやって受身形を作るのかは、文法通りに原型の三つの語根に、ウイアの順で母音を付ければいいことは変わりません。ただ今はそれに加えて、もう少し種類が増えています。

・受身の意味を出す動詞を主語の動名詞にして、動詞の機能は自動詞に任せる方法。例：委員会が設立された。
تم تشكيل اللجنة.

・自動詞が受身の意味を出す場合。例：（同上）

تشكلت اللجنة．　تكونت اللجنة．

・受身形が当たり前となった一群の動詞の使用。
例：見做される عُدّ、اُعْتُبِر、主張される اُدّعِي、言われる قيل、ذُكِرَ、接遇される اسْتُقبل、埋葬される دُفِن など。

・名詞の後で形容詞のような機能を持つ受身の動詞。例：
数え切れない人数 عدد من الناس لا يُعدّ
限りない領土 أراضٍ لا تحصَى
無視されない違反 مخالفة لا تجاهَل
返答が期待されない質問 سؤال لا يُردّ

　なお受身形動詞の動作の主体（～によって、英語のby）を示す用語として、طرفِ من あるいは、من قِبلُ などがありますが、これは古典的には好まれません。元来は受身動詞の主体ではなく、例えば、彼からの贈り物 الهدية من قبله と言う意味で、動作の由来や起源を示す用語だったからです。むしろ誰が主体かを言うまでもない場合のみに、受身形を使うのがルールだったと言えましょう。

イ．名詞文の増加

動詞で始められる動詞文に対して、名詞で始められる名詞文の使用頻度が増えている傾向にあるのが、報道言語の特徴の一つです。これも欧米語の影響の部分があることは、否めないでしょう。しかしこれだけならば、アラビア語の変質とは言えないのですが、もう少し機微な点も含んでいる問題です。

動詞文の例：行った・学生たち・町へ。ذهب الطلاب إلى المدينة.

これがアラビア語としては、普通であり自然な文章です。これを名詞文にして見ましょう。

名詞文の例：学生たち・（彼らは）行った・町へ。
الطلاب ذهبوا إلى المدينة.

古典的には主語の、学生たち、が初めに来る場合は、それは一種の呼びかけ的な役割を果たし、動詞が第三人称複数形となって動詞の活用変化した部分、وا、が文章の主語の役割を果たしていると解釈されることがあ

ります。ここで重要なことは、文法としてどう解釈するかではなく、受け止める方の語感として名詞文の初めの名詞には、そのような呼びかけの感覚が確かにあるということです。あるいは、あったというべきかもしれません。そしてその場合、その次の動詞から文章が始まる語感も同時にあるということになります。

　現代報道アラビア語で変化してきていると見られるのは、以上の名詞文の初めの名詞が、呼びかけ的ではなく文字通り文章全体の主語として、最初から受け取られる傾向に改められつつあるという点です。もしそうでなくて従来通りの呼びかけ的な受け止め方をするのであれば、名詞文が乱立することは呼びかけが至る所にあるという語感を招き、それは奇異なものになるでしょう。名詞文の増加を容認する背景には、それはもう奇異ではなくて、語感として違和感がないことを前提とします。

　しかしながら事態がここまで来ると、もう実際は鶏と卵の関係と言えるでしょう。つまり前提があるから増加したのか、増加したからそのような前提が確立されたのか、と言うことです。その事情は、恐らく竜巻状態になって因果関係が増幅したのでしょう。

　いずれにしても、この変化は従来のアラビア語の感

覚を変えているものとして注目しておきたいと考えます。

ウ．口語と一線を画すこと

　言葉の変化というのは元来、なかなか一筋縄にはいかないということになるのでしょう。話は飛ぶようですが、イギリスの英語とアメリカの米語も近づいている面と、離れていっている面とが同時に進行しているのが実情です。このことはアラビア語の口語と文語の関係についても言えます。
　報道言語では、現代感覚の一つとして、口語、あるいは方言的なものとは距離を保とうとする心理が働いています。その現象の諸例を見ましょう。

・　否定形の作り方—伝統的には、接辞のマーما、あるいはラムلم を動詞の前につけるわけです。しかし口語では前者があらゆる場合に用いられ、後者は用いられません。そこで報道用語としては、現在ではほとんどすべての場合に、後者を用いるようになりました。報道で、マーと聞けば、それは疑問詞か、関係代名詞か、〜する限り、〜する間は、といった

意味の接続詞に使用されています。

- 動名詞の使用を好む—例えば、彼は好んで行く、يحب أن يذهب を、行くことを好む、يحب الذهاب とする類です。前者で何も差し支えはないのですが、後者のような表現が多出します。もちろんその方が簡潔な印象の言い方であることも、影響しているのでしょう。

- 語彙の選択は口語と一線を画す傾向—例えば、できる、قدر は口語でもしばしば使われるので、それに代えて、استطاع といういかにも文語的な語彙を好む傾向がはっきりしています。أمكن は両者の中間として、口語でも文語でも使用されます。同様に、来る、جاء も口語的と言うことでしょうか、到着する、وصل の方が普通です。

アラブ世界には、新聞・ラジオ・テレビの数は150ほどあり、さらにインターネットの掲示板などは日々変更されますからほとんど無数と言えるのでしょう。それらから共通の特徴点を抽出すると言っても、現状のところせいぜい以上に尽きます。そしてそれらを踏

まえていれば、一応今様のものの言い方になるということです。

参考１．アラビア語語彙の豊富さと語義の多さ[24]

　多数の部族から収集された言葉であることが、語彙の豊富さと語義の多さの原因となった。またアラビア語には、近くて似ている音の遊びを好む風があり、それも一因と見られている。

　＊　例：「鋼（サルブ）のように強い男（ラジュル）が、到着した（ワサラ）。」この例では、サルブの初めの二つの子音とワサラの後の二つの子音が同じ。

同義語の諸例：
サナ（年）24、ヌール（光）21、ザラーム（暗黒）52、シャムス（太陽）29、ヒサーブ（計算）50、マタル（雨）84、ビィル（井戸）88、マーゥ（水）170、ラバン（乳）12、アスル（蜂蜜）約12、ハムル（酒）100、アサド（ライオン）350、リヒヤ（あごひげ）100、ジャマル（雄ラクダ）約100、ナーカ（雌ラクダ）255、この他、雄牛、馬、ロバなど動物名、刀、槍など武器名に同義語が多い。タウィール（長い）91、カスィール（短い）160など形

---

[24] ジョルジー・ザイダーン『アラビア語史』、第226-7ページ。

容詞にも多い。勇気ある、気前よい、けちなどにも多数。

多義語の諸例：
ハール（おじ）27、アイン（目）35、アジューズ（年寄り）60もの多くの意味がある。3、4、5、6くらいの意味のある単語は、それぞれ100ほどはある。

参考２．イスラーム初期の外来語諸例[25]
（アラビア語（意味）＜語源となった言語）

1. パハレヴィー（古代ペルシア語）から
 ジュンド（軍隊）、カンズ（宝）、ワルダ（バラ）た だしこれはアラム語経由でアラビア語に入る。

2. イスラームの征服後、ペルシア語からは、医薬、鉱物、植物関係など多数の用語が取り入れられた。[26]
 イブリーク（水差し）、バーディンジャーン（なすび）、ディーワーン（宮廷）、アンバル（琥珀）、ディーバージュ(刺繍)、フストック（ピーナッツ）、ナールジース（水仙）など。
 そして従来のアラビア語で駆逐されたものもあった：水差し（タームーラ）、なすび（アンブ）など。

---

[25] 以下の表は当時の外来語の様子を偲ぶための諸例一覧であり、まだまだ未確定な部分が多いことを付記する。またイスラーム関係の術語は形として外来語とは言っても、新しい内容が与えられているケースが大半で、この意味上の変容ないし発展は別の課題となる。

[26] 言葉の形態から判明しやすいので、一般にペルシア語起源が一番多いように思われている。ザバーン・シャマーニー・イーラーニー，サラーフ・アッディーン・アルムナッジッド共著『アラビア語化されたペルシア語詳論』参照。

3．ギリシア・ラテン語から
　　ディルハム（銀貨幣）＜パハレヴィー＜ギリシア
　　ブルジュ（塔）＜シリア＜ギリシア
　　ザウジュ（夫妻）＜シリア＜ギリシア
　　ディーナール（金貨幣）＜シリア＜ギリシア＜ラテン
　　カスル（城）＜アラム＜ギリシア＜ラテン
　　スィラート（道）＜アラム＜ギリシア＜ラテン
　　ヤークート（サファイア）＜シリア＜ギリシア
　　キルタース（一巻きの紙）＜シリア＜ギリシア

4．アラム・シリア語から
　　サラート（礼拝）＜アラム
　　ザカート（喜捨）＜アラム
　　ティーン（無花果）＜アラム
　　スィフル（大きな本）＜アラム
　　マスジド（モスク）＜アラム・ナバタイ
　　キヤーマ（復活）＜シリア
　　サブト（土曜日）＜シリア
　　スーラ（クルアーンの章）＜シリア

5．ヘブライ語から
　ハッジ（巡礼）、カーヒン（僧侶、占い師）、アルアーシューラー（任意断食の日、ヒジュラ歴ムハルラム月 10 日）など。
　ナビー（預言者）─起源は古代エジプト語で、亭主、主人、の意味。

6．南アラビア・エチオピア
　元々アラビア語に似ているので判明しにくいものもあるが、相当の数に上っていると推定される。
　ミシュカー（灯明）、ミンバル（説教台）ニファーク（不信）、ハワーリー（使徒）、ブルハーン（証拠）、ムスハフ（書物）　＜以上はエチオピア
　サナム（偶像）＜南アラビア

7．サンスクリット語
　スブフ（朝）、バハーゥ（明かり）、サフィーナ（船）、ジャームース（水牛）などあるが、ペルシア語経由やラテン・ギリシア語経由もある。
　バラート（宮廷）─ペルシア語でバラート、ラテン語でパラティウム、しかし元は、サンスクリット語のパラ（守る）から来た。

カーフール（ユーカリの木）―ただしこれはペルシア経由で、インドではカーブール。

カランフィル（カーネーション）―これもペルシア語とされるが、多分インドから。

フィルフィル（胡椒）―ペルシア語起源ともされるが、恐らくはサンスクリット語のフィファーラーから来ている。

シャトランジ（チェス）―ペルシア語起源とされるが、サンスクリット語のシャトールナカー（4つ）であろう。

ザンジャビール（生姜）は、ギリシア（ザンジャリース）・ラテン（ザンジバール）語にもあり、またサンスクリット語（ザンジャービーラー）にもある。アラブ人はペルシア語起源（シャンカビール）としてきたが、ペルシア人はアラビア語起源としている。恐らくサンスクリット語が本当の起源であり、通商に従い域内を行き交っていたのであろう。

参考３．アラブ文字と書体諸例

１．ナマーラ碑文西暦紀元４世紀前半（ナバタイ語でアラビア語名が記載された例）

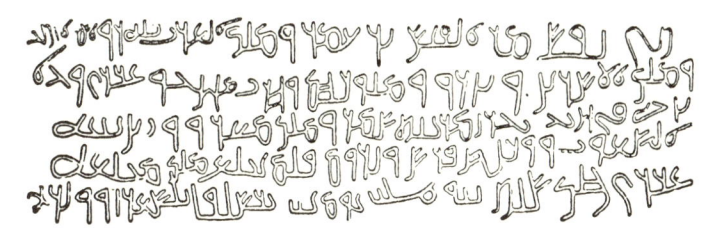

（アフィーフィー、前掲書第60ページ）

２．句読点なしの初期クルアーン（一例）

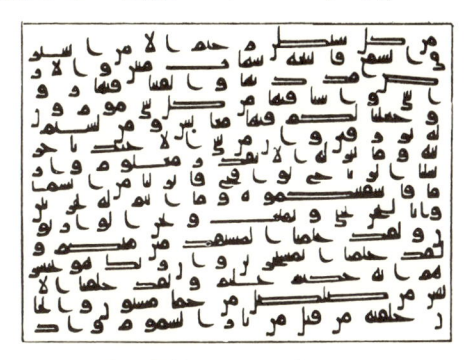

（アフィーフィー、前掲書第97ページ）

3.　　クーフィー書体

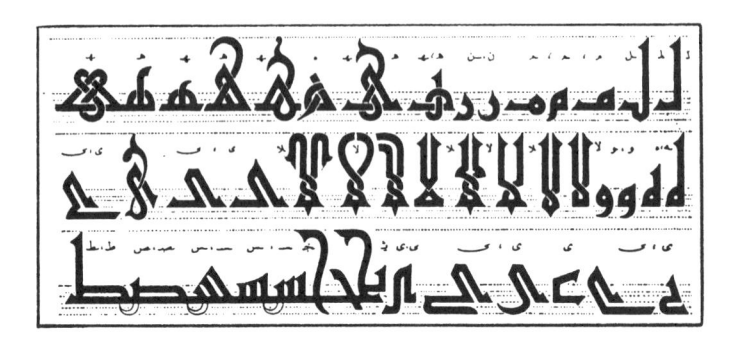

(アフィーフィー、前掲書第 187 ページ)

4.　　ナスヒー書体

المَرْأةُ فِى المَنْزِلِ وَزِينُ مَالِيَتِهِ، وَعَادَ إِدَارَتِهِ، تُدَبِّرُ مِيزَانِيتَهُ

العَلَمُ رَمْزُ عَظَمَةِ الأُمَمِ، وَشِعَارُ مَجْدِهَا المُفَدَّى بِالدَمِ

(アフィーフィー、前掲書第 148 ページ)

5.　　スルス書体

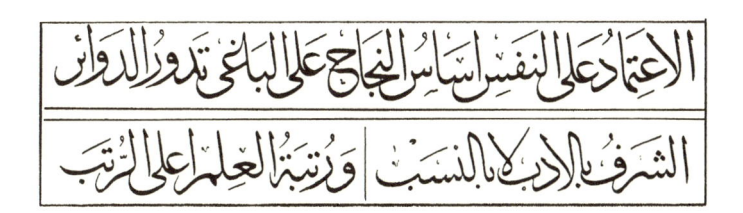

$$\text{الاعتماد على النفس أساس النجاح على البنى تدور الدوائر}$$
$$\text{الشرف بالأدب لا بالنسب　ورتبة العلم على الرتب}$$

（アフィーフィー、前掲書第 149 ページ）

6.　　ファーリスィー書体

$$\text{قال الله تعالى　ورتل القرآن ترتيلاً}$$

（アフィーフィー、前掲書第 162 ページ）

7. ルクア書体

يا دشاه داد فرما معرف عبد الحميد

بهل علم ودانش لطيفه بلدكا مطا ر

(アフィーフィー、前掲書第 154 ページ)

8. ディーワーニー書体

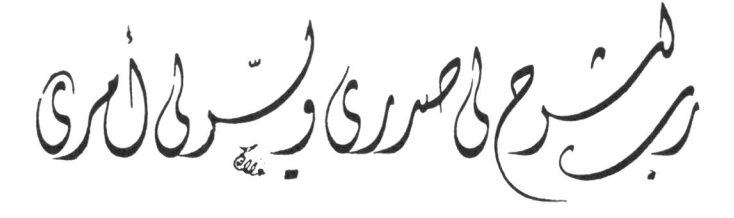

رب اشرح لى صدرى ويسرلى أمرى

(アフィーフィー、前掲書第 157 ページ)

9． マグリビー書体

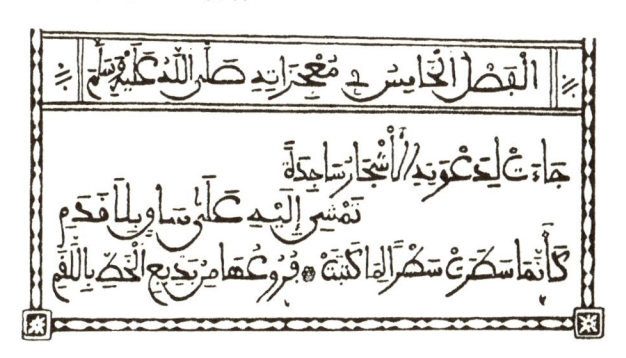

(アフィーフィー、前掲書第 166 ページ)

10． イブン・ムクラの書道書写本

(11 世紀、在カイロ、ダール・アルクトブ所蔵)

参考4．アラビア語古文書校訂序説

　古文書を校訂するという作業は、どの言語でもその時代に飛び込んで行くような誘惑と、揺るぎない事実と直面しているという肉薄した緊迫感に満ちている。そこでその序説をここに記しておきたい。ただしアラビア語の場合、序説以上に成熟した学問分野にはまだ至っていないのが現状である。

1．校訂作業の対象

　アラビア語が書かれてきた素材は、岩石、古銭、羊皮紙、パピルス、そして梳き紙などである。これらそれぞれの素材ごとに固有の歴史と蓄積があるので、本来は校訂の対象となる古文書として、これらすべての素材についてその各論が期待されるところである。[27]
　アッバース朝成立の翌年、751年には中国の唐軍との戦いがカスピ海の近く、タラス河畔で行われ、それに

---

[27] パピルスについては、Adolf Grohman, Arabische Papyruskunde, in Handbuch der Orientalistik, i/2, Leiden-Cologne, 1966. コインについては、J. Walker, *A Catalogue of the Arab-Byzantine and Post-Reform Umayyad Coins,* Leiden, 1956. など。

勝利を収めたイスラーム勢力は中央アジア深く浸透することになった。それを契機に中国の紙の製造法が中東地域にもたらされることになったが、その技術が広く定着したのは9世紀に入ってからであった。そして10世紀末ごろには、あまりパピルスは用いられなくなった。さらに13世紀に入ると、ヨーロッパ製でフランキーと呼ばれる紙も出回り始めた。パピルス使用が減少し紙が席巻した理由は、紙の方が安価である、製造がエジプトに限られない、型やサイズが自由になるなどが挙げられる。10世紀の書誌家でよく知られるイラクの人、イブン・アンナディームは、『目録』と言う貴重な本を著したが、それには当時の出版事情が豊富に掲載されている。それによると、当時紙の種類には6種類あったとされている。

　アッバース朝の頃から木版刷は行われていた。しかし活字を拾って版を組む近代の印刷術は、1798年から翌年にかけてのナポレオンのエジプト占領の際にアラブ世界にもたらされた。その後現地での印刷作業が開始されたのは1822年、カイロのブーラーク地区にアラブ最初の印刷所が設けられてからであった。だから時代的に校訂を要する文書として、広くはこの印刷開始以前のもの全部が対象となりうるのである。

2．校訂方法の研究

　いまだアラブ古文書の校訂はアラブ世界と欧米を通じて、校訂学と言うほどには発達していない。顧みるに元々アラブの学問分野として校訂学は伝統的には存在しておらず、それはヨーロッパの近代実証史学の発達を背景にしている。ただ校訂学の一部の役目を果たすものとして、古くからのアラブの本屋の目録、あるいは行政目的などのため書体を収集した書籍が幾つか著されてきた。[28]

　現代でも校訂を体系立って語るのには種々困難がある。それはアラブ文献の分量が膨大で、未だ未消化であるということに尽きる。他方でその割に研究者が少なく、またアラブでもヨーロッパでも私蔵されているものが少なくないことも一因である。唯一の例外は、クルアーンの写本であろう。これだけは系統的かつ丹念に収集、研究されてきている。

　こんな中、アラブ人研究者による校訂入門書として挙げられるのは、次の二冊程度である。

---

[28] すでに触れた、10 世紀のイブン・アンナディーム『目録』、14 世紀のアルカルカシャンディー『夜目の明かり』（当時の行政情報全集）、16 世紀のアッサリービー『書体精華集』などが知られている。

ハールーン、アブド・アッサラーム、『文書の校訂と出版』カイロ、1965 年。

تحقيق النصوص ونشرها، عبد السلام هارون، القاهرة، 1965.

アルムナッジッド、サラーフ・アッディーン、『写本校訂の規則』ベイルート、1982 年。

قواعد تحقيق المخطوطات، صلاح الدين المنجد، بيروت، 1982.

ヨーロッパの研究者では次のものがある。

Grohman, Adolf, *Arabische Paläographie*, Vienna, vol. 1, 1967. vol., 2, 1971.

上はゲルマン系らしく、アラブ文献全体を対象とするような壮大な構想を描いていたが、計画半ばで頓挫した。

R. Blachère et J. Sauvaget, Règles pour èditions et traductions de textes Arabes, Paris, 1953.

これはまだ薄い小冊子の域を出ない。

Grace, Adam, *Arabic Manuscripts*, *A Vademecum for Readers*, Brill, Leiden, 2009.

古文書を扱う諸側面を紹介する。コインや書道も含み、本書が現状最善の便覧である。

3．アラブの書籍事情

（1）製本

パピルス使用の間は紙を使用しても巻物の形にするのが主流だったが、紙使用が普及してからは、製本するのが普通となった。15世紀からは中国やヨーロッパの影響で、カバーの装飾が施されるようになった。また漆塗りも施されるようになったのは、15世紀のティムール朝以降であった。

当時の職業分化の仕方は、次のようであった。書道家（ハッタート خطاط ）、絵師（ムサウウィル مصور ）、素描家（タルラーフ طراح ）、金細工師（ムザッヒブ مذهب ），紙切師（カーティウ قاطع ）、（革張り）製本屋（ムジャッリッド مجلد ）

（2）写本

日本の写経のように一人で写本をする姿を思い浮かべるかもしれないが、イスラームでは多くは公衆（輪座する人たちで、ハルカと言われる）の面前で口述を筆記する方式を取った。

そしてできたコピーをその公衆の前で読ませて間違いがないかを確かめた。それをパスしたものは、認可

済みと言う意味でイジャーザ（إجازة）と呼ばれた。そして認可の鎖で原著者に近づくものが良い純正のコピーであるとされた。こうして不完全さは伴うものの、当時としてはできる限りの誤筆や偽作を避けようという努力が払われた。

　ただし分量が増えるにしたがって、写本家や写本屋（ワッラーク وراق あるいはナッサーフ نساخ）が現れた。また大量の写本には奴隷も使われた。

（3）多くのイスラーム文献はページの本文（マトン متن）の周辺には相当余白を残しているのが見られる。その余白には、通常読者のコメントや注釈、さらには追加注釈や以前書いた人への反論の逆注釈などが書き込まれた。これらの周辺部分は、ハーミシュ（هامش）と呼ばれるが、時にこれらのハーミシュ部分が非常に重要な場合もあることは、想像に難くないであろう。

4．校訂の実際

　校訂作業はどの言語であっても、基礎中の基礎に当たる作業である。極めて地味で、非常に習熟を要する仕事である。石であれ紙や墨であれ素材の真贋を見分

けたり、筆跡の鑑定なども伴う。それを肉眼だけでするのには限界があるが、今後はコンピューター技術の活用も進められるであろう。そのあたりの事情は、例えば日本史の研究と同類の話である。

　少しアラビア語固有の困難さについて述べよう。その多くはアラビア語文字の成立事情に関係している。つまり文字の上や下に点を加えて区別される文字数が少なくないが、rとz（ر，ز）、tとbとth（ت،ب،ث）、shとs（ش，س）などである。しばしばそれらの点が書かれていないか、あるいは消えているものがあるのだ。そうするとそれだけで意味が幾通りにも出てくるので、前後の脈絡から判読するしかないということになってしまう。

　上に触れたアラブの校訂入門書である、アブド・アッサラーム・ハールーンの『文書の校訂と出版』、第68－69ページにはこの種の諸例が挙げられている。習熟を要するという相当部分は語学力であるとも言えよう。

　しっかりしたアラブ人の校訂本に頼らざるを得ない場合が多いが、同時に一次資料に当たりつつ研究の歩を進めるという夢は捨てたくないものだ。

参考５．分野別アラビア語辞書一覧（注釈付）

　アラビア語と英語の辞書として、現在普通に書店で入手可能なもののリストとしては、以下は一応出揃っていると言えよう。ただ術語を並べたものではなくて、各用語に簡潔な説明が付されている辞書も少なくないので、当該分野の良い講読材料にもなりうるのである。

１．クルアーン関係

・*A Dictionary and Glossary of the Koran*, compiled by John Penrice, London, 1970.
全体で166ページ。出版されたのは、19世紀の末だが、未だに版を重ねていることからもその価値が推し量られる。
・*Arabic-English Dictionary of Qur'anic Usage*, compiled by Badawi, Elsaid Mohamed, and Muhammad Abdel Haleem, Brill, Leiden, 2008. 全体で1,070ページ。アラビア語 - 英語のクルアーン用語辞書はこの１世紀以上出されなかったが、漸く本格的なものが出た。

2．政治関係

・*A Dictionary of Modern Political Idiom, comiled* by Majdy Wahba and Wajdy Rizq Ghaly, Beirut, 1978.

معجم العبارات السياسية الحديثة

全体で748ページ。英語の術語に対して、アラビア語とフランス語で活用を例文で示しているので使いやすい。索引も付いている。

・*A Dictionary of Diplomacy and International Affairs*, compiled by Samouhi Fawq el'Adah, Beirut,1974.

معجم الدبلوماسية والشؤون الدولية

　全体で550ページ。英語の術語に対して、フランス語とアラビア語の訳語を示し、さらに政治外交上の説明をアラビア語でしているので、アラビア語の講読材料にもなる。索引付き。

・*A Dictionary of International Relations and Conference Terminology*, complied by Hassan Abdallah, Beirut, 1982.

قاموس مصطلحات العلاقات والمؤتمرات الدولية

　全体で654ページ。英語の術語に対して、多数の活

用をアラビア語で示している。また後半部分は、国連機構の解説、外交関係諸条約のアラビア語訳を掲載。索引付き。

3．経済・IT 関係

・*A Dictionary of Economics and Commerce*, Arabic－English, compiled by Librairie du Liban Dictionary Department, Beirut, 1993.

قاموس الاقتصاد والتجارة

全体で606ページ。アラビア語はすべて綴り通りの順序に並べられ、語根順には整理されていない。アラビア語の術語に対して、英語の対訳語が挙げられている。

・*A Dictionary of Economics and Commerce, English－Arabic*, compiled by Librairie du Liban, Beirut, 1993.

全体で385ページ。上記の姉妹版になっている。英語の術語に対してアラビア語の対訳が挙げられている。

・*A Dictionary of Economics and Commerce*, compiled by Mustapha Henni, Beirut, 1985.

المعجم الاقتصادي والتجاري

全体で516ページ。英語の術語に対して、フランス語とアラビア語の対訳語が示されている。

・*A Dictionary of Economics, Business and Finance*, compiled by Nabih Ghattas, Beirut, 1980.

معجم مصطلحات الاقتصاد والمال وإدارة الأعمال

全体で677ページ。英語の術語に対して、アラビア語対訳語とアラビア語の説明が付されているので、アラビア語講読の材料にもなる。

・*Management Dictionary*, compiled by Nabih Ghattas and others, Beirut, 1974.

قاموس الإدارة

全体で240ページ。アラビア語の術語に対して、英語の対訳語とアラビア語の説明文がある。

・*Dictionary of Human Resources Management*, compiled by Habeeb Sahhaf, Beirut, 2003.

معجم إدارة الموارد البشرية وشؤون العاملين

全体で218ページ。英語の術語に対して、アラビア語の対訳語とアラビア語の説明文がある。

・*The Al-Kilani Dictionary of Computer & Internet Terminology*, compiled by Taiseer Al-Kilani, Beirut, 2004.

معجم الكيلاني لمصطلحات الكومبيوتر والإنترنت

全体で869ページ。英語の術語に対して、アラビア語の術語対訳、それに英語とアラビア語の短い説明文が付けられている。

・*A Dictionary of Computer Science & Computational Linguistics*, compiled by Nabil El-Zohairy, Beirut, 2003.

قاموس مصطلحات المعلوماتية واللغويات الحسابية

全体で704ページ。英語の術語に対して、アラビア語の術語対訳が示されている。後半部分は、索引になっており、検索には便利。

4．社会文化関係

・*A Dictionary of the Social Sciences*, compiled by A. Zaki Badawi, Beirut, 1978.

معجم مصطلحات العلوم الاجتماعية

全体で591ページ。英語の術語に対して、フランス語とアラビア語の対訳語が示されて、その後にアラビ

ア語で説明がある。読み物としても使える。

・*A Dictionary of Arabic Topography and Placenames*, compiled by Nigel Groom, Beirut, 1983.

معجم الطبوغرافية وأسماء الأماكن العربية

全体で369ページ。英語の術語に対して、アラビア語の術語と簡単な英語の説明がつく。アラビア語の索引付き。

・*A Dictionary of Grammatical Nomenclature*, compiled by Antoine El-Dahdah, Beirut, 1993.

معجم لغة النحو العربي

全体で717ページ。アラビア語の術語に対して、英語の対訳語、そして両方の言語での解説付き。専門的に文法に関心のある人には、良い読書の素材ともなる。

・*A Dictionary of Terms of Declension and Structure in Universal Arabic Grammar*, compiled bu Antoine El-Dahdah, Beirut, 1988.

معجم الإعراب والبناء

全体で424ページ。文法用語をアラビア語と英語の双方から引けるようになっている。術語の説明はない。

・*A Dictionary of Arabic Grammatical Terms*, comiled by Pierre Cachia, Beirut, 1973.

معجم في مصطلحات النحو العربي

　全体で198ページ。英語とアラビア語双方から引けるようになっている。術語を収集したソースは、Howell と Wright という19世紀の英国のアラビア語文法学者の出版した古典的文法書によっている。因みにCachia は現代アラブ文学研究の第一人者として活躍中。

・*A Dictionary of Folklore*, compiled by Abdul Hamid Yunis, Beirut, 1983.

معجم الفوكلور

　全体で227ページ A4版サイズ。アラビア語の術語に対して、英語の対訳語（ただし人名、地名など訳語がないものも多い）を示し、長いアラビア語の説明がある。読み物としても使える。

・*A Dictionary of Clothes in Lisan Al-ʻArab*, compiled by Ahmed Mahgoub, Beirut, 1995.

معجم الملابس في لسان العرب

　全体で142ページ。アラビア語アラビア語辞書では

一番の典拠とされる、لسان العرب から着物関係の用語を収集した、珍しい辞書。すべてアラビア語だけで表記されている。

・*A Dictionary of Arabic Proverbs*, compiled by Mhd. Ismail Saifi and others, Beirut, 1996.

معجم الأمثال العربية

全体で 181 ページ。諺辞典は多数出版されている。本書はすべてアラビア語だけで表記されている。

参考６．アラブ報道と現代史

＜新聞（含むインターネット）やテレビの言語がアラビア語の歴史全体の中でも、現代語のいわば尖兵として、時代の先端を行っている勇姿はかなり印象的である。不要な部分を切り捨て、伝達内容に集約する姿勢が現代世界の言葉を鍛え上げてきた事情は、わが日本語及び欧米各国語ともほぼ同様と言えよう。そのような動きをアラブ現代史の流れの中で見直すために本稿をまとめた。＞

（１）アラブ報道発達の軌跡

アラブ地域に近代印刷術をもたらしたのは、18世紀末フランスのナポレオンによるエジプト侵攻であった。しかし次の世紀に入りアラビア語による新聞が盛んに発行されたのは、この技術的な背景だけではなかった。迫り来る西洋文明にどのようにして立ち向かうかという問題が、一般民衆レベルでも緊急の課題として痛感されたことによって、いわば大きな報道ニーズが生じたことが大きな要因となった。

広く国民に訴える手段として、新聞、雑誌、宣伝ビ

ラのような類が、それこそ雨後の筍のように出現したのであった。しかしその頃のアラビア語は、日本で言えば明治初期の段階に当たると言えよう。つまり、御座候文から徐々に脱皮してゆく過程であった。

　その一つの好例としては、反植民地運動家として知られる、ジャマール・アッディーン・アルアフガーニー（1897年没）の政治評論雑誌「固き絆」が挙げられる。今読み直しても、なんとも裃を着たようなその力み方は、明治の論説家、陸羯南（1907年没）を思い起こさせるものがある。

　このような努力は、時には逆に相当な翻訳調の文章を生み出した側面があったのも、日本と極めて酷似している。報道アラビア語から、「〜するところの」、あるいは、「あまりに〜なので、〜である」といった翻訳調が払拭され克服されたのは、第二次大戦後各国の独立が定着して以降のことと言えそうだ。そしてその背景としては、ただ時間が経って言語改革の努力が熟したというだけではなく、やはり独立に伴って植民地体制下の検閲がなくなり、表現の自由が増大したことの効果とも見るべきであろう。

　このような概略を頭に描くとすれば、今世紀に入っての状況はまたまた新しい段階に入ってきたと言える

のではないだろうか。その一つの要因は、ラジオ、テレビは当然だが、さらにインターネットの発達が、アラブ報道の強力なメディアとして躍進してきているからである。

　それは現在までのところ、質的な変化というよりは、量的な爆発であるが、それもいつの日か、ブログの進展などで質的な変革をもたらす可能性を秘めている。あるいはそのような可能性があるものとして、見守る必要があろう。

　テロリストがインターネットを使って世界に向けて、種々の声明を配信したり、CD-ROMを駆使して事実上のホーム・ページを運営していることなど、いまだに著者には信じがたい感触が残っている。そして世界のどこにいてもアラブ自身の発言がアラビア語で読めることは、大なり小なり検閲や報道管制の経験を経てきているアラブの人たちにとっては、一大変革となっていることも容易に理解できるだろう。

　このようにインターネットが彼らに好まれた理由の一つは、アラビア語は英語などと同様に30弱の文字で表記され、画像化するのに向いているという事情がある。これはアラビア語の将来を考える際、非常に有利な点でもある。また本書で新聞言語と言うときには、

自然とインターネットも含めた発想であることを断っておきたい。

現代アラブ報道躍進のもう一つの要因として挙げたいのは、西側諸国中心の世界の情報の流れに対する、蓄積された不満と抜きがたい不信感があるということである。ちょうど19世紀には、印刷術という技術と西洋との対峙という状況により報道ニーズが増加するという要因が働いたように、現在もインターネットなどの技術のほかに、報道を巡る新たなニーズが痛感されているのである。

（2）アラブ・メディアの巻き返し

西側諸国の報道に世界は翻弄されているという訴えは、アラブだけの不満ではなく、広くいえば途上国など欧米以外の諸国全体のものとして、国連の場でも議題として正式に取り上げられ、議論が積み重ねられてきた。ただし目覚しい前進はほとんど聞かれていない。そのような流れの中で、アラブには固有の欲求不満がふつふつとして沸いてくるのである。

それはアラブ・イスラーム世界のことが、正当なバランスを欠く形でしか西側では報道されてないということである。人によっては、それは伝統的なイスラー

ムに対する偏見の表れであるというかもしれないし、そのようなテーマの出版物が評判になったこともある（エドワード・サイード「イスラム報道」2003年）。このような不満感の中核として考えられるのは、具体的にはパレスチナ問題をめぐる扱いであり、特にアラブから見ればイスラエルの暴虐行為、あるいは実態は国家テロと認められるものについての報道が、不当に抑制され続けているということである。

　この事情は実は日本でも影を落としていることを、この機会に触れておきたい。イラクの最近の様子はよくテレビで映されるが、その中で市民のデモのシュプレヒコールや銃を持った過激派のインタビューなどで、アラビア語の声では確かに「米国とイスラエルを打ちのめせ」といった類の言葉が聞かれることが少なくない。それなのに画面下の日本語スーパーでは、「米国を・・・」とだけ出てきて、イスラエルは削られている場面に何回かお目にかかった。それを見てテレビ局の人に訂正を申し出たら、返って来た返事は、「そんなことまで書けば、話が複雑で難しくなる」というものだった。

　要するに反米感情がニュースのポイントで、視聴者に分かりにくいものは出したくないということである。

そのような配慮そのものは理解できるとしても、これによって事態の正しい伝達が妨げられ、歪んだ映像を与えていることになるのである。この現象は、西洋とは異なる原因ではあっても、惹き起こされている結果は変わりないと言える。さらに考えれば、パレスチナ問題が分かりにくいという状況を日本国内に作っているのは、常日頃の報道がアンバランスだということで、その淵源は世界を駆け巡る西側主体の情報の洪水かもしれない。

　このような世界的な状況に憤慨し、アラブ・メディアの巻き返しが図られたのである。その中でも最もパンチ力のあるのは、湾岸はカタルの資産家が巨万の富を傾けて設立した、テレビのアルジャジーラ放送である。数年前、日本にも支局を開設したが、24時間ニュース放送をするCNNに対抗しようというのがその眼目だ。

　イラクなどあまりに残虐なシーンを放映し過ぎるのは、作戦展開と政策実施を妨げるとして、アメリカ当局が批判するくらいにまで、アルジャジーラ放送は辣腕を振るってきた。また現場報道だけではなく、中東域内にいる有識者たちがロンドンやワシントンなどに在住のアラブ知識人などとオン・エアーによる対談、

討論会番組を空きの時間に実施している。それによりアラブ側の多角的な見解を縦横に乗せて、電波が世界を駆け巡っているのだ。それを見ると、彼らのアラブ世界を通じた世論形成力にも、相当の影響を及ぼすのではないかと誰しも思わざるを得ない。

この他、アラブ首長国連邦にもアルアラビーヤ・テレビ（資本はサウジ、技術はレバノン）がほぼ同様の目的を担って発足し、24時間報道でがんばっている。ちなみに両方のテレビ放送とも、現在のところ赤字経営を我慢しながら初志貫徹を図っているそうだ。

なお事態を公正に見るために付言しておくと、以上のような巻き返しの意識を前面に掲げる姿勢がすべてのアラブ・メディアを支配しているわけではない。テレビとラジオだけでも全アラブ諸国で150局を越えるとされているが、国外のニュースについては従来どおりに外国通信社から配信されてくる情報に多くを頼っているところも数の上ではまだまだ多い。自身のニュース・ソースを域内外に持っていないところが少なくないのは、その維持費捻出の難しさからもうなずけるであろう。

（3）アラビア語新聞について

　さて以上のようなアラブ報道の潮流を念頭に置いた上で、本書で扱った新聞・インターネット報道について触れることにしたい。

　新聞の購読サービスの受け方など、アラブ・メディアの日本での利用方法については、google　だと各国の名称を通じて、多数のアラビア語新聞を閲覧することもできる。もちろん自分が読みたい新聞名が特定できているならば、その名前をアラビア語で直接アドレスに打ち込んでアクセスも可能だ。

　なお在日のアラブ各国大使館には当然それぞれお国の新聞が並べられているかと言うと、そうしていないところもある。それはもっぱらインターネットに頼って、紙面サービスは本国から取り寄せるのをやめたということである。それほどに、インターネット時代に突入しているのである。

　以下にはそれらのアラビア語新聞全体を通してみて、その書きぶりやスタイルなど特徴点を幾つか拾ってみることにする。総じて言えば、広いアラブ世界の新聞報道のエネルギーは、エジプト、サウジアラビア、レバノン当たりがどうも中心になっていると言えそうだ。

まず、新聞用語、あるいは表現力において、国、地域によってばらつきがかなりはっきり見られる。周辺地域では、同一単語を繰り返し使ったり、過剰な修飾語を用いたり、いわば作文レベルの難点が目立つことが多い。またそのような地域では、政治や経済などの動きが少なく、そのため報道すべきことがあまりない国情のところもある。その場合は大言壮語で読者の関心をあおろうとするのか、空疎で実質的にあまり意味のない内容を押し出して言葉が空転しているケースもある。

　次には、湾岸諸国を中心に王国が多いが、その報道内容には相当長い肩書き（兼職をすべて羅列）と個人名（氏名だけでも長い上に王族としての姻戚関係が加わる）が続々と書かれて、その記事の大半を占めるようなスタイルがよくある。たとえば重要な会談が行われたとしておきながら、関係出席者の氏名、肩書きがほとんどで、会談内容は推して知るべし、と言わんばかりに漠然と数行で処理してあるのだ。

　これも国情である、といえばそれまでだが、この点、同じ湾岸でもサウジの書きぶりは、はるかに実質本位を目途にしていると言える。上記のスタイルは今後も変わることはないのであろうか、変わるとすればどの

ような要因によってであろうか、注目されるところである。

　以上の表現力、スタイルともに先頭を切っていると見られるものを、あえて数紙に絞るとすれば、やはり歴史のあるエジプトのアハラーム紙 الأهرام 、ロンドン発刊だが広い読者層を持つサウジ経営のシャルク・アウサト紙 الشرق الأوسط （さらにはハヤート紙 الحياة ）、そして自国の国情にあまり縛られない論調のレバノンのサフィール紙 السفير などを挙げることになる。なお読んでみて、期待していたよりしっかりした印象を残したのは、スーダンでは老舗のラアユ・アーム紙 الرأي العام であったので、紹介方々付記しておく。

　なお以上の新聞はネット上で閲覧可能であることは上に触れた。しかし、アラブ各社のサービス体制の問題だが、全紙が毎日更新されて出揃っているとは限らない。また特定の欄について、画像全体が白紙になっているケースもあり、がっかりさせられることも少なくない。また日本の月曜日は時差の関係で、現地が休刊日に当っていたり、発刊していても更新作業がずれ込んでしまう場合が少なくないので用心したい。

　最後にいわゆる報道ではないが、インターネットを利用した情報配信の活発化である。流通量の急増と言

う意味では、この部分が最たるものであろう。

そして手段として利用が簡単だということもあり、そこにはテレビのアルジャジーラ放送に見られるような、アラブの巻き返しの流れも明らかに吹き出ているのである。しかしこのジャンルは日々変更されているので、全体の様子を把握することは難しい。たとえば、アラブ諸国の政府系の掲示板として広く利用されているのは、الساحة というアドレスで出てくるものである。これもアラブ首長国連邦の推進しているネット情報サービスであるが、各地のアラブ人の反応も書き込まれるので、現地の各種事件に対する反応は、飛躍的に広く集めることができるようになった。

ちなみにアラビア語で「掲示板」というのは、ساحة الحوار と表現するが、これはサービス名がそのまま一般名詞化した例である。また関心のある人も少なくないと思って触れておくのは、アルカーイダ・グループの声明が最初に出されてきたので知られるようになったサイト、منتدى الأنصار الإسلامي である。google からアラビア語でこの名前をアドレスに打ち込めば、すぐにアクセス可能である。そこには時々の急進的な意見などが多数出ている。この種のサイトは他にも組織的なものや個人的なものなど様々あり、リン

クをたどってゆけばそれこそ世界を漫遊できることになる。

（4）現代アラビア語と新聞言語

アラビア語が現代世界で十分機能するようにどのような改革をすべきかの検討が容易でないことは、日本の国語委員会の困難な論議を見ても想像に難くないはずだ。

あまりに同義語が多い問題（刀に数百の言い方がある）、単一の単語に異なる意味があまりに多い問題（عين には普通に使われるだけでも、目、泉、スパイ、自身、名士などの意味がある）、複雑な不規則複数形などの問題は、取り上げられてはいるが改善策の実行は、はかばかしくない側面である。

他方新造語考案の苦労については、本書中に述べたとおりである。英語などがそのまま入ってくることもかなりあるが、それ以上に力を発揮してきたのは、アラビア語として元来持っている、派生語形成能力であった。植民地主義というのに、建造する、عمر の第 10 型動詞で、建造を求める、の意味を出して、その動名詞から الاستعمارية を創り、植民地主義としたことなど実

例は他にも多数ある。またパターンは少し違うが、現場 ميدان の形容詞、ميداني を作り、フィールド・ワークなどの「フィールド」に当てた例などもある。

　近代英語の発達は、新聞の影響と言われる。またスペイン語も多数のアラビア語起源の単語が含まれて教養人しか理解できないという難点のあったのをかなり脱却し簡素化されたのは、報道の普及、特に周辺ヨーロッパ諸国への新聞の流布に端を発し、それに不満が寄せられたことが主な契機となった。

　現代アラビア語には、日々また新たな歴史のページが加えられつつあるというのが実感である。報道言語はその与えられた使命からして、今日の最先端の言語文化のあり方を示し、また今後の変化の示唆を与える、主要な水先案内人なのである。

あとがき

　アラビア語を使い始めて、長い時間が流れました。
　その間、いつもその音の美しさ、表現法の巧みさ、そして現代文明への適応力などに感心させられてきました。通訳などで、偶然にもサウジアラビアのファイサル国王、ハーリド国王、ファハド国王、アブドッラー国王の４国王に接する機会もありました（後二人は皇太子当時）。エジプトではムバーラク大統領とも幾度か機会がありました。あるいはまた、著者本来の分野では、イスラームと日本の諸宗教に関する書籍をベイルートからアラビア語で公刊することもできました。
　そしてその間、いつももう一度しっかりアラビア語を言語学的に納得できるまで学んでみたいという希望の火は絶えませんでした。そんな中、著者は2008年より３年間、米国ユタ大学中東センターの博士課程に学ぶことができました。同大学はアラビア語パピルス文書の収蔵数では、カイロとウィーンに次いで、世界第３位の多さを誇っています。そこで漸くアラビア語言語学のコースを取ることとなったのでした。その主任はエジプト人のイード教授でした。彼女はアラブ・イスラーム関係出版物のマッカと目されるオランダのライ

デンから出された『アラビア語言語学百科事典』全5巻の筆頭編集者でもあり、現在最前線で活躍している重鎮の研究者です。このことは著者のアラビア語に対する関心の総まとめをする機会ともなりました。またそのことが本書執筆の直接の契機ともなったのでした。

　本書のテーマは膨大です。少しでも読者諸氏の関心を惹いて、将来への一つの架け橋となる様に願うばかりです。

参考文献

＊欧米語、アラビア語、日本語の文献目録を下記１．に上げるので、詳細にはそれを参照のこと。

１．文献目録・工具書

Encyclopedia of Arabic Language and Linguistics, ed. by Eid,Mushira, Kees Versteegh and others, Brill, 2005-09. 5 vols.

(本百科事典は世紀の偉業と目される。過去の集大成であり、今後のアラビア語研究に関する最大の指標である。特に欧米語の研究文献は、本百科事典に項目毎に掲載されているものを見るのが一番速い)

アブド・アッラフマーン、アフィーフ『ヒジュラ歴14世紀における言語研究』リヤード、1983年。（アラビア語研究の総合的な文献目録、欧米の部文も多少含む、全707ページ）

الجهود اللغوية خلال القرن الرابع عشر الهجري، عفيف عبد الرحمن، دار العلوم، الرياض، 1983.

Bakalla, Muhammed Hasan, *Arabic Linguistics: An introduction and bibliography*, London, 1983.

(インターネット上、Bibliography of Arabic Linguisticsのアドレスで最新の欧米のデータが検索可能)

「日本におけるアラビア語研究文献目録」西尾哲夫・中道静香編、国立民族博物館研究報告26巻3号別刷、2002年。(全11ページに掲載、日本における研究成果の総合目録)

２．アラビア語一般
アッタウワーブ、ラマダーン・アブド『言葉の法則』カイロ、1983年。(アラビア語の生成と諸特徴)

فصول في فقه العربية، رمضان عبد التواب، مكتبة الخانجي، القاهرة، 1983.

アッタール、アフマド・アブド・アルガフール『言語上の諸課題と諸問題』ジェッダ、1982年。(放送された講義などの記録、珍しく口語体を推奨)

قضايا ومشكلات لغوية، أحمد عبد الغفور عطار، الناشر تهامة، جدة، 1982.

ザイダーン、ジュルジー『言語哲学、アラビア語語彙、アラビア語史』ベイルート、1987年。初版は1887年となっている。著者はイエズス会宣教師で高名な言語学者。

الفلسفة اللغوية والألفاظ العربية وتاريخ اللغة العربية، جرجي زيدان، دار الحداثة، بيروت،1987.

ザバーン・シャマーニー・イーラーニー、サラーフ・アッ

ディーン・アルムナッジッド共著『アラビア語化されたペルシア語辞書』ベイルート、1978年。（アルムナッジッド氏は高名なシリア人古写本校訂学者）

المفصّل في الألفاظ الفارسية المعرّبة، زبان شماني ايراني ود. صلاح الدين المنجد، دار الكتاب الجديد، بيروب، 1978.

ザブヤーン、ナシュアット・ムハンマド・リダー『我々の言語遺産における単語学』リヤード、1981年。（語彙の豊富さ、語義の多さ、四・五重語根など単語生成の議論）

علم المفردات في إرثنا اللغوي، نشأة محمد رضا ظبيان، دار العلوم، الرياض، 1981.

シャーヒーン、アブド・アッサッブール『アラビア語の音声による構築法』ベイルート、1980年。（アラビア語を音声通りに表記する改革の提案）

المنهج الصوتي للبنية العربية، عبد الصبّور شاهين، مؤسسة الرسالة، بيروت، 1980.

シャーヒーン、タウフィーク・ムハンマド『アラビア語発達の諸要因』カイロ、1980年。（アラビア語単語の生成法を解説）

عوامل تنمية اللغة العربية، توفيق محمد شاهين، مكتبة وهبة، القاهرة، 1980.

ハッサーン、タンマーム『アラビア語―その意味と構

造』カイロ、1998 年。(音声、文法、辞書、社会的文脈など全体的な検討)

اللغة العربية – معناها ومبناها، تمّام حسّان، علم الكتب، القاهرة،1998.

ワーフィー、アリー・アブド・アルワーヒド『言葉の法則』、カイロ、1945 年。(アラビア語の生成と諸特徴)

فقه اللغة ، علي عبد الواحد وافي ، دار النهضة، القاهرة، 1973.

Chejne, Anwar G., *The Arabic Language- its Role in History*, Minneapolis, 1969. (古くなったがアラビア語を広い文化の中で見ようとしている点、まだ捨て難い価値がある)

Ferguson, Charles A., "Diglossia," *Word* 15, 1959, pp. 325-340. (この半世紀間、アラビア語言語学で最も多数の研究が集中した口語と文語の混用(ダイグロシア)に関する研究の端緒となった著名な論文)

Holes, Clive, *Modern Arabic ; Structures, functions, and varieties.* Georgetown U.P., 2nd ed., 2004. (現代アラビア語の標準的解説)

Stetkevych, Jaroslav, *The Modern Arabic Literary Language, Lexical and Stylistic Developments*, Georgetown U.P., 2007. (現代アラビア語に関する古典的議論の簡潔な論集)

Owens, Jonathan, *A Linguistic History of Arabic*, 2006.
（論文集）

Versteegh, Kees, *The Arabic Language*, Edinburgh UP, 1997.（積年のアラビア語の歴史的研究のまとめであるが、多くの成果と残された諸課題が示される）

——, *Landmarks in Linguistic Thought Ⅲ*, *The Arabic Linguistic Tradition*, London and NY, 1997.（論文集）

榮谷温子「アラビア語ダイグロシア研究の現状」『日本中東学会年報』12、1997、第 329 - 363.

3．文法・辞書の発達

アブド・アッタウワーブ、ラマダーン『文法の発達』カイロ、1964 年。（内容は 1929 年、ドイツ人東洋学者ベルクシュトラッサーがカイロ大学で行った講義録のアラビア語翻訳、少し古いがアラビア語で類書は少ない）

التطور النحوي، د. رمضان عبد التواب، مكتبة الخانجي، القاهرة، 1964.

ナッサール、フセイン『アラビア語辞書の成立と発展』カイロ、全二巻、1956 年。（本課題の草分け的研究、その後第二版が出された）

المعجم العربي – نشأته وتطوره، حسين نصار، دار الفكر العربي، القاهرة،مج 2, 1956.

ハバル、ムハンマッド・ハサン・ハサン『アラビア語辞書の検討―古典辞書二書『アラブの舌』、『花嫁の冠』の二百年』カイロ、1986年。

الاستدراك على المعاجم العربية في ضوء مئتين من المستدركات الجديدة على لسان العرب وتاج العروس، محمد حسن حسن حبل، دار الفكر، القاهرة 1986.

バルフーマ、イーサー『意味の記録―アラビア語辞書研究』ベイルート、2005年。(時間を追って、各辞書毎の明快な紹介)

ذاكرة المعنى – دراسة في المعاجم العربية، عيسى برهومة، المؤسسة العربية للدراسات والنشر، بيروت، 2005.

マアトゥーク、アフマド・ムハンマド『アラビア語辞書―言語の発達に対するその役割、水準と影響・批判的分析的叙述的研究』アブー・ダビー、1999年。(学生用辞書も検討対象に取り上げている)

المعاجم اللغوية العربية – وظائفها ومستوياتها وأثرها في تنمية لغة الناشئة – دراسات وصفية تحليلية نقدية، أحمد محمد المعتوق، المجمع الثقافي، أبو ظبي، 1999.

池田修「'Abu l-'Aswad d-Du'ali をめぐって」『大阪外大学報第19号』(1968年)

同上「9世紀以前のアラビア語の研究」、『オリエント』1970.9.20.,121-160ページ。

同上「アインの書について」『オリエント』1973 年。
16：1、75 – 95 + 205 ページ。

4．文字・書道の発達

アフィーフィー、ファウズィー・サーリム『アラビア語書道の成立、発達とその文化的社会的役割』クエイト、1980 年。文字の発達や書道史全体の解説）

نشأة وتطور الكتابة الخطية العربية ودورها الثقافي والاجتماعي، فوزي سالم عفيفي، الناشر وكالة المطبوعات، الكويت، 1980.

アルファアル、ムハンマド・ファハド・アブドゥッラー『イスラーム初期からヒジュラ歴 7 世紀中葉までのヒジャーズ地方の書法と石碑』ジェッダ、1984 年。（すべて一次資料に基づく基礎研究）

تطور الكتابات والنقوش في الحجاز منذ فجر الإسلام حتى منتصف القرن السابع الهجري، محمد فهد عبد الله الفعر، الناشر تهامة، جدة، 1984.

エジプト芸術・文学・社会学高等理事会編『アラビア語書道研究集』カイロ、1968 年。（研究会の論文集、写真も豊富）

المجلس الأعلى لرعاية الفنون والآداب والعلوم الاجتماعية في مصر، حلقة بحث: الخط العربي، دار المعارف، القاهرة، 1968.

シャラフ・アッディーン、アフマド・フセイン、『イスラーム以前のアラビア語』カイロ、1975 年。（南北アラビアの石碑文字のサンプルを掲載している）

اللغة العربية في عصور ما قبل الإسلام، أحمد حسين شرف الدين، مطابع سجل العربي، القاهرة 1975.

ジュムア、イブラーヒーム『ヒジュラ歴初期 5 世紀間のエジプトにおける石碑を通じて見たクーフィー文字発達の研究』カイロ、1969 年。（上記ヒジャーズ地方の研究と同様な基礎研究、サンプルも豊富に掲載）

دراسات في تطور الكتابات الكوفية على الأحجار في مصر في القرون الخمسة الأولى للهجرة، إبراهيم جمعة، دار الفكر العربي، القاهرة، 1969.

ハムーダ、マハムード・アッバース『アラビア語書道学研究』カイロ、出版年不明（アインシャムス大学教授による手軽な概説書）

دراسات في علم الكتابة العربية، محمود عباس حمودة، مكتب غريب، القاهرة، سنة الصدور غير معروفة.

『イスラム書道芸術大鑑』訳・解説—本田孝一、平凡社、1996 年。（書道史も入っているが、大型豪華写真本）

大川玲子『コーランの世界』河出書房社、2005 年。（クルアーン写本の歴史は、ほとんどそのままアラビア語書道の歴史でもある）

5．クルアーンと預言者伝承とジャーヒリーヤ詩

（クルアーン）

アッサギール、ムハンマド・フサイン・アリー、『クルアーンの比喩』、ベイルート、1999 年.

مجاز القرآن، محمد حسين علي الصغير، بيروت، 1999.

アッサーマッラーイー、ファーディル・サーリフ、『クルアーンの表現における単語の修辞』、アンマーン、1998 年．（特殊な単語の表記・活用法の研究）

بلاغة الكلمة في التعبير القرآني، فاضل صالح السامرائي، عنمان، 1998.

ダッラーズ、サッバーフ・ウバイド、『クルアーン修辞における分離と接続』、カイロ、1986 年.

أسرار الفصل والوصل في البلاغة القرآنية، صبّاح عبيد درّاز، القاهرة، 1986.

アッラーフィイー、ムスタファー・サーディック、『クルアーンの奇跡と修辞』ベイルート、2000 年．（本テーマに関する総合的な叙述）

إعجاز القرآن والبلاغة النبوية، مصطفى صادق الرافعي، بيروت، 2000.

（預言者伝承）

アッサッバーグ、ムハンマド・ビン・ルトフィー、『預言者伝承—用語、修辞、文献』ベイルート、第 8 版

2003 年。(使いやすく整理されている)

الحديث النبوي- مصطلحه وبلاغته وكتبه، محمد بن لطفي الصبّاغ، بيروت، 2003. الطبعة الثامنة.

(ジャーヒリーヤ詩)

アルアサド、ナーシル・アッディーン、『ジャーヒリーヤ詩の起こりと発達』ベイルート、1999 年。

نشأة الشعر الجاهلي وتطوره، ناصر الدين الأسد، بيروت، 1999.

アブドッラー、ムハンマド・サーディック・ハサン、『ジャーヒリーヤ詩の豊かさとその斬新な意味』カイロ、出版年不明。(包括的研究)

خصوبة القصيدة الجاهلية ومعانيها المتجددة، محمد صادق حسن عبد الله، القاهرة.

6．詩、韻律文、そして散文の発達

(修辞法全般)

マトルーブ、アフマド、『修辞の技—修飾と様式美』、クエイト、1975 年．(標準的な概説書)

فنون بلاغية- البيان والبديع، أحمد مطلوب، الكويت، 1975.

(散文の発達)

アフマド、ムハンマド・フトーフ、『ウマイヤ朝時代における散文』カイロ、1984 年。(専門書だが読み易い)

النثر الكتابي في العصر الأموي، محمد فتوح أحمد، القاهرة، 1984.

シャラック、アリー、『アラビア語散文発達の諸段階』ベイルート、1991－4年。全3巻。（記述は西暦11世紀まで。散文以外の分野も扱っている）

مراحل تطور النثر العربي، علي شلق، بيروت،1991-1994. 3 مج.

著者　水谷　周（みずたに　まこと）

イスラーム研究家。京大文卒、米国ユタ大学中東センター博士（歴史）。アラブ　イスラーム学院学術顧問。著書に『アラビア語翻訳講座』全3巻（国書刊行会、2010年）『イスラーム信仰とアッラー』（知泉書館、2010年）『日本の宗教－過去から未来へ』（アラビア語／ダール・アルクトブ・アルイルミーヤ社、ベイルート、2007年）など。

『アラビア語の歴史』

2010年6月15日　初版第1刷発行

著　　者　水谷　周
発　行　者　佐藤今朝夫
発　行　所　国書刊行会
　　　　　〒174-0056
　　　　　東京都板橋区志村1-13-15
　　　　　TEL. 03-5970-7421
　　　　　FAX. 03-5970-7427
　　　　　http://www.kokusho.co.jp

装　　幀　高松徳人
組版・印刷　株式会社シーフォース
製　　本　合資会社村上製本所

ISBN978-4-336-05235-3
乱丁・落丁本はお取り替え致します。

イスラーム 信仰叢書

総編集 **水谷周** 協力 樋口美作

イスラームを従来の学問的な視点からでなく、宗教信仰として正面から捉え、日本人の観点で論じた画期的な叢書。

❶ イスラーム巡礼のすべて 既刊 水谷 周 著

イスラーム巡礼についての、わが国最初の本格的解説書。**2625円**
978-4-336-05204-9

――以下隔月刊――

❷ イスラームの天国 ……………………… 水谷 周 訳著
978-4-336-05205-6

❸ イスラームの預言者物語 6月15日発売 ……… アルジール選著
水谷周 サラマ・サルワ 訳
978-4-336-05206-3

❹ イスラームの原点――カアバ聖殿 ……… 水谷 周 著
978-4-336-05207-0

❺ イスラーム建築の心――マスジド ……… 水谷 周 著
978-4-336-05208-7

❻ イスラームと日本人 ……………………… 飯森嘉助 編著
978-4-336-05209-4

❼ イスラームと女性 ………………………… 河田尚子 編著
978-4-336-05210-0

❽ イスラーム成立前の諸宗教 ……………… 徳永里砂 訳著
978-4-336-05211-7

❾ イスラーム現代思想の継承と発展 ……… 水谷 周 著
978-4-336-05212-4

❿ イスラーム信仰と現代社会 ……………… 水谷 周 編著
978-4-336-05213-1